I feel good, weil ich in mich selbst investiere

Ich erlebe immer wieder, dass Menschen, die sich entscheiden, ihr Geld selbstständig anzulegen, Spaß daran finden. Indem sie sich aktiv mit dem Thema beschäftigen und in eine durchdachte Vorgehensweise investieren, gewinnen sie nicht nur finanzielle Sicherheit, sondern auch Selbstvertrauen.

Diejenigen, die sich dieser Herausforderung stellen und sie meistern, werden mit einer immensen Freude belohnt. Der Erfolg stärkt das Vertrauen in die eigenen Fähigkeiten und weckt eine unerschütterliche Motivation, noch größere Ziele anzugehen.

Christine Schremb, Diplom-Kauffrau und Geldanlage-Mentorin, bietet eine neue und unabhängige Unterstützung für Menschen an, die eigenständig investieren möchten. Ihre kundenorientierte und praxisnahe Herangehensweise vermittelt sie in Büchern, Workshops und individuellen Sitzungen.

Als gefragte Mentorin ermutigt sie ihre Klienten aktiv dazu, sich mit ihren Finanzen auseinanderzusetzen und ihr Geld eigenständig und zielgerichtet anzulegen. Im Jahr 2021 veröffentlichte sie ihr erstes Buch „Geldanlage 40+: Wie Sie sicher und intelligent investieren“.

I feel good, weil ich in mich selbst investiere

Eine praktische Anleitung zur Erstellung deines eigenen Anlageplans

Christine Schremb

Für meine Familie

Originalausgabe

Impressum

Lektorat: Nicole Reese, Hamburg
Korrektorat: Andrea Sach, Hamburg
Umschlaggestaltung und Cover: Cinque“
Herausgeber: Christine Schremb, Hamburg
www.christineschremb.com

ISBN 978-3-9823111-3-5

Bibliographische Information der Deutschen Nationalbibliothek: Die Deutsche Nationalbibliothek verzeichnet diese Publikation in der Deutschen Nationalbibliographie; detaillierte bibliographische Daten sind im Internet über dnb.dnb.de abrufbar.

Inhaltsverzeichnis

Vorwort

Liebe Leserin, lieber Leser,

stehst du vor der Herausforderung, deine finanzielle Zukunft in die Hand zu nehmen und deinen ganz eigenen Weg zu finden?

In meinem Buch „I feel good, weil ich in mich selbst investiere: Eine praktische Anleitung zur Erstellung deines eigenen Anlageplans“ möchte ich dich dazu inspirieren, genau das zu tun – deine finanzielle Zukunft selbstbestimmt zu gestalten und deine Träume wahr werden zu lassen.

Ich bin Christine und ich teile mit dir nicht nur mein Wissen aus den Bereichen Finanzen, Controlling und Erwachsenenbildung, sondern auch meine eigenen Erfahrungen mit der selbstständigen Geldanlage. Mein Vater hat mich in die vielschichtige Welt der Investments eingeführt. Über Jahre hinweg habe ich aktiv Geld angelegt – mit Höhen und Tiefen, Erfolgen und Lernerfahrungen. Diese Erfahrungen haben mich dazu motiviert, einen Ansatz zu finden, der Verluste minimiert und mir dabei hilft, über verschiedene Lebensphasen hinweg, zielgerichtet zu agieren.

Meine Strategie beruht auf soliden Fachinformationen, einschließlich fundierter Analysen der renommierten Stiftung Warentest. Als Mentorin für Geldanlage habe ich diese Strategie über Jahre hinweg verfeinert, Viele meiner Mentees setzen meine Strategie erfolgreich um, was zeigt, dass sie in verschiedenen persönlichen und finanziellen Situationen anwendbar ist.

Mit diesem Buch möchte ich dich dazu ermutigen, die Kontrolle über deine Geldanlage zu übernehmen. Egal, ob du gerade erst beginnst, dich mit Finanzen zu beschäftigen oder bereits Erfahrungen gesammelt hast – dieses Buch bietet dir das notwendige Wissen und die Werkzeuge, um deine finanzielle Zukunft zu gestalten.

Lass uns gemeinsam starten! Kümmere dich selbst um deine Finanzen. Nutze die Erkenntnisse und die bewährte Strategie aus diesem Buch, um deine Zukunft in die von dir gewünschte Richtung zu lenken und ein erfülltes Leben zu führen.

Herzlichst

Christine

Einleitung

„Ich fühle mich großartig, denn ich investiere in mich selbst." Mit dieser kraftvollen Aussage beginnt deine Reise zu einem finanziell erfüllten Leben. Erinnere dich an jene kostbaren Momente, die ein Gefühl von Glück und Zufriedenheit in dir auslösten – diese Augenblicke sind unbezahlbar. Stell dir vor, dieses Gefühl auch für deine finanzielle Zukunft zu erleben. Genau das ermöglicht dir dieses Buch – es ermutigt dich, in dich selbst zu investieren und finanziell unabhängig zu sein.

Warum dieses Buch?

Um finanzielle Ziele zu erreichen, brauchst du einen strukturierten Ansatz.

„I feel good, weil ich in mich selbst investiere: Eine praktische Anleitung zur Erstellung deines eigenen Anlageplans" bietet genau das. Es führt dich in 10 Schritten zu deinem individuellen Anlageplan. Doch nicht nur das, es vermittelt dir auch die fachlichen Grundlagen der Geldanlage und begleitet dich in die Umsetzung.

Ganz gleich, ob du Anfänger bist oder dich bereits länger mit dem Thema Geldanlage beschäftigst – dieses Buch liefert dir das nötige Wissen und die Werkzeuge.

Die Herausforderung: finanzielle Unsicherheit und Altersarmut

Die Herausforderung, finanziellen Unsicherheiten bis hin zur Altersarmut gegenüber zu stehen, ist heute präsenter denn je, da die gesetzliche Rente häufig nicht ausreicht, um den Lebensstandard im Ruhestand zu halten. Frauen sind besonders betroffen, da sie oft geringere Rentenansprüche haben.[1] Selbstständige können die gesetzliche Rente nur als Basisvorsorge nutzen.[2] Die steigende Lebenserwartung bringt zusätzliche Kosten im Ruhestand mit sich. Doch es gibt Lösungen und Chancen für finanzielle Vorsorge.

Die Chance: Vermögensaufbau mit ETFs

Eine Möglichkeit, die gesetzliche Rente zu ergänzen, liegt im Vermögensaufbau durch Investitionen in den Aktienmarkt. ETFs (Exchange-traded Funds oder börsengehandelte Fonds) bieten eine kostengünstige und effiziente Möglichkeit, vom langfristigen Kurswachstum an den Aktienmärkten zu profitieren. Dennoch zögern viele Deutsche, in Aktien zu investieren. Insbesondere Menschen über 40 haben aufgrund vergangener Erfahrungen nicht erkannt, dass sich die Bedingungen für private Investoren stark verbessert haben.

---

[1] Statistisches Bundesamt: „Gender Pension Gap: Alterseinkünfte von Frauen 2021 fast ein Drittel niedriger als die von Männern“, Abrufdatum: 18.01.2024.

[2] Buschmann, Georg: „Haben Selbstständige das Nachsehen?“, Abrufdatum: 04.01.2024.

Meine Mission und die universellen Regeln

Mit der Einführung von ETFs hat sich die Welt des Investierens und der Finanzen grundlegend verändert. Privatanleger stehen vor neuen Bedingungen und Möglichkeiten.

Der Einsatz von ETFs ist besonders effektiv, wenn man dabei die 3 universellen Regeln der Geldanlage beachtet: 1. langfristig denken, 2. Risiken breit streuen und 3. bei den Kosten knausern. Traditionelle Bank- und Beratungsangebote mit ihrem Provisionsmodell sind bei der Anwendung dieser Regeln oft wenig hilfreich. Sie machen es Anlegern schwer, bei den Kosten zu sparen und gleichzeitig langfristig und breit gestreut zu investieren.

Meine Mission ist es, eine alternative Form der Unterstützung anzubieten, die auf Transparenz, Wissen und persönlicher Entwicklung basiert. In diesem Sinne möchte ich mit diesem Buch und meiner Expertise eine neue Art der finanziellen Begleitung anbieten.

Mein Ziel ist es, eine verständliche Anleitung und Werkzeuge bereitzustellen, damit du eigenständig, sicher und mit einem guten Gefühl Geld anlegen kannst, ohne die Geldanlage zur ersten Priorität in deinem Leben zu machen. Du wirst die fachlichen Grundlagen verstehen, deinen Anlageplan entwickeln und investieren, um deine finanziellen Ziele zu erreichen.

So früh wie möglich starten

Experten[3] empfehlen, bereits in jungen Jahren mit dem Sparen und Investieren für den Ruhestand zu beginnen und langfristige Anlagepläne zu entwickeln.[4] Der Zeitfaktor spielt eine entscheidende Rolle beim Vermögensaufbau. Je früher du startest, desto länger hast du Zeit, Vermögen zu bilden und zu vermehren. Dein Anlageplan ermöglicht dir, finanzielle Entscheidungen zu treffen, die mit deinen Zielen im Einklang stehen. Es ist nie zu früh – selbst mit kleinen Beträgen nicht!

Einstieg mit 40 +

Auch für Menschen über 40 ist es noch nicht zu spät, sich mit finanzieller Absicherung und selbstständiger Geldanlage zu beschäftigen.[5] Auch du kannst dir mit kleinem Anfangskapital und überschaubaren monatlichen Beträgen noch ein Vermögen aufbauen. Solltest du bereits einen größeren Betrag angespart haben, kannst du diesen durch geschicktes Investieren und etwas Glück innerhalb von 10 Jahren verdoppeln und eine signifikante Zusatzrente daraus generieren.[6]

---

[3] Bohn, Kai-Uwe: „Frühzeitig um zusätzliche Altersvorsorge kümmern", Abrufdatum: 04.01.2024.

[4] Krempel, Annika: „Vermögen aufbauen ab 30", Berlin 2022.

[5] Schremb, Christine: „Geldanlage 40+: Wie Sie sicher und intelligent investieren", Hamburg 2021.

[6] Öchsner, Thomas: „Ihr Vermögensturbo ab 50", Berlin 2022, S. 5 ff.

Geldanlage in unsicheren Zeiten

Weltwirtschaftliche Veränderungen, geopolitische Spannungen und Krisen können zu einer erhöhten Unsicherheit an den Finanzmärkten führen. Dennoch bleibt die Investition in Aktien eine sinnvolle Option, um langfristig Vermögen aufzubauen. Trotz schwankender Kurse haben sie sich historisch gesehen als eine der sichersten und ertragreichsten Anlagemöglichkeiten auf lange Sicht erwiesen. Ihre Renditen sind langfristig höher und übersteigen oft die Erträge anderer Produkte.[7]

Mit Strategie und Plan zum Erfolg

Die Welt des Investierens ist komplex und vielschichtig. Um langfristigen finanziellen Erfolg zu erzielen, sind Strategie und Planung entscheidend. Eine gut durchdachte Anlagestrategie definiert, wie dein Geld am besten eingesetzt wird, um deine langfristigen Ziele zu erreichen. Dein individueller Anlageplan enthält die spezifischen Schritte und Maßnahmen, die du ergreifen musst, um zu deinem Vermögensziel zu gelangen. Dieses Buch unterstützt dich dabei, beide Werkzeuge für deinen finanziellen Erfolg einzusetzen.

---

[7] Finanztext, „Zusatzrente mit ETF: Erspartes als Rente nutzen“, Ausgabe: 11/2023.

Du bist nicht allein

In den zahlreichen Gesprächen, die ich in den letzten Jahren zum Thema Geldanlage geführt habe, sind mir unterschiedliche Frauen begegnet, die alle ein gemeinsames Ziel verfolgen: ihre Zukunft finanziell abzusichern. Jedoch fallen ihnen der Einstieg in die Geldanlage und konsequent am Ball zu bleiben, häufig schwer. Unter ihnen sticht Lisa besonders hervor. Ihre persönliche Geschichte, die ich im Verlauf dieses Buches detailliert erzählen werde, ist eine faszinierende Reise durch die Welt der Geldanlage. Sie wird dir als Leitfaden dienen, dich motivieren und inspirieren, um deine eigenen finanziellen Ziele zu erreichen. Bleib gespannt und lass dich von Lisas Erfahrungen führen!

Gemeinsam finanziell unabhängig

Angesichts der Herausforderungen von finanzieller Unsicherheit und Altersarmut ermutige ich dich dazu, **jetzt** aktiv zu werden. Die Grundlagen der Geldanlage und Lisas Geschichte unterstützen dich dabei, deinen eigenen Anlageplan Schritt-für-Schritt zu entwickeln und umzusetzen. Dabei folgt jeder Schritt einem klaren Muster, um es dir so leicht wie möglich zu machen. Er beginnt mit einer einfachen Einführung in die Aufgabe. Danach erfährst du, wie Lisa diesen Schritt gemeistert hat und am Ende jedes Abschnitts findest du wertvolle Ressourcen sowie die Anleitung, die dir dabei hilft, die jeweilige Komponente des Anlageplans zu bestimmen.

Du erkennst die jeweiligen Abschnitte an den folgenden Symbolen:

Abschließend erfährst du, wie du deinen Plan in die Tat umsetzt.

Starte jetzt mit dieser aufregenden Reise. Lass dich von Lisas Geschichte inspirieren und baue dir ein fundiertes Fachwissen auf.

Lisas Geschichte: Eine Inspirationsquelle

Lisa hat einen guten Job im Controlling, ein solides Einkommen und genießt ihren aktiven Lebensstil in einer deutschen Großstadt. Sie ist, wie viele andere junge Frauen in Hamburg, Single, und sehnt sich nach einem Partner. Finanziell auf eigenen Beinen zu stehen, ist für sie wichtig - ungeachtet ihres Beziehungsstatus.

Der Wunsch, finanziell unabhängig zu sein, ist bei Lisa richtig tief verwurzelt. Sie ist entschlossen, alles Nötige zu tun, um dieses Ziel zu erreichen. Aber ganz ehrlich, Lisa ist genauso wie wir alle - nicht immun gegen die kleinen Versuchungen des Alltags. Vor allem dann, wenn sie mit ihren Freunden ausgeht und feiert, fällt es ihr schwer, sparsam zu sein. In diesen Momenten rückt ihr Ziel der finanziellen Unabhängigkeit in den Hintergrund und das Vergnügen gewinnt die Oberhand. Leider bedeutet das oft, dass ein Teil des Geldes, das Lisa eigentlich für ihre Zukunft zurücklegen wollte, für den Spaß des Augenblicks draufgeht. So ist das manchmal im echten Leben.

Die Corona-Pandemie im März 2020 brachte Lisa dazu, sich mit Geldanlagen zu beschäftigen. Sie nutzte die Zwangspause, um sich mit dem Thema zu befassen, las Bücher, Artikel und schaute Videos, um Wissen aufzubauen. Dabei stieß sie auf den Begriff „ETF“ und wurde neugierig, wie diese Finanzprodukte funktionierten. ETFs schienen eine kostengünstige und praktikable Möglichkeit zu bieten, um in eine breite Palette von Aktien zu investieren und das Geld weltweit breit gestreut anzulegen.

Allerdings tauchten auch Zweifel und viele unbeantwortete Fragen auf. Würde der Kauf von ETFs wirklich ausreichen, um finanzielle Unabhängigkeit zu erreichen? Was sollte sie tun, wenn sich ihre persönliche Situation ändert? Wie sich angesichts des stetigen Wechsels der wirtschaftlichen und gesellschaftlichen Rahmenbedingungen – und somit schwankender Aktienkurse – verhalten und wie lange die ETFs behalten?

Lisa sah sich mit zahlreichen unbeantworteten Fragen konfrontiert und beschloss, das Thema Geldanlage systematisch anzugehen.

In dieser Situation fand sie mein Mentoring-Programm zur Entwicklung und Umsetzung eines eigenen Anlageplans. Die Aussicht auf eine auf sie zugeschnittene Vorgehensweise überzeugte sie.

Lisas Reise: Das war Lisas Start in die Geldanlage – sei gespannt wie es weiter geht.

----

1 Investiere in dich selbst: Grundlagen der erfolgreichen Geldanlage

Um eine zukunftssichere finanzielle Planung zu gewährleisten, sind fundierte Kenntnisse in den Grundlagen der Geldanlage unerlässlich. Dieses Kapitel ist dein Türöffner in diese faszinierende Welt.

Abschnitt 1: „Finanzblick 2024: Sparen und Investieren“ dient als Einführung in das Gesamtkonzept. Ich erkläre den Unterschied zwischen Sparen und Investieren sowie den grundlegenden Begriff der Rendite.

Abschnitt 2: „Aktien, Fonds und ETFs im Vergleich: eine einfache Einführung“. Ich beleuchte die Stärken und Schwächen von Aktien im Vergleich zu Fonds und ETFs. Der Überblick über die verfügbaren Optionen bietet eine wertvolle Orientierung.

Abschnitt 3: „Das Zusammenspiel von Wirtschaft und Aktienmärkten“. Hier stelle ich den Aktienmarkt als wichtigen Investitionsort vor und erläutere den Einfluss der Wirtschaft auf die Kursentwicklung.

Abschnitt 4: „Deep dive: Aktienkurse und Indizes verstehen“. Ein Überblick über die Vielfalt der Indizes vermittelt dir ein breites Spektrum an Anlage-Möglichkeiten und deren Bedeutung für Investoren. Auch Nachhaltigkeits-Optionen werden betrachtet.

Abschnitt 5: „Prinzipien für nachhaltigen Erfolg in der Geldanlage“. Hier werden universelle Regeln der Geldanlage vorgestellt, die bei Investment-

Entscheidungen eine Rolle spielen und erläutert, wie man diese Regeln mit Hilfe von ETFs nutzt, um Rendite zu erzielen.

Abschnitt 6: „Anlagestrategien und die Rolle der ETFs im Überblick“. Ich erkläre die Unterschiede zwischen aktiven und passiven Anlagestrategien und verdeutliche die Verwendung von ETFs im Rahmen einer passiven Anlagestrategie.

Abschnitt 7: „Meine Strategie zum Investieren und Profitieren erklärt“. Schließlich stelle ich meine Vorgehensweise vor, die auf einer passiven Anlagestrategie basiert und als Leitfaden für die Entwicklung deines eigenen Anlageplans dienen kann.

Mit einem fundierten Verständnis der Grundlagen der Geldanlage legen wir die Basis für die praktische Anwendung. Doch Theorie allein reicht nicht aus, um die Finanzlandschaft zu meistern. Es bedarf einer Geschichte, die diese Konzepte in Aktion zeigt. Wieder betreten wir Lisas Universum. Ihre Entdeckungsreise durch das Reich der Geldanlage wird nicht nur die theoretischen Grundlagen beleuchten, sondern auch zeigen, wie diese in der realen Welt angewendet werden können.

Bereit für deine finanzielle Reise: Erkenntnisse, Planung, Selbstbestimmung

Am Ende dieses Kapitels kennst du die wichtigsten Begriffe und Konzepte und hast die Bedeutung einer individuellen Anlagestrategie verinnerlicht. Auf dieser Basis wirst du selbstbewusst in der Lage sein, deine eigene Anlageplanung zu gestalten und gute Anlage-Entscheidungen zu treffen.

Die Welt der Geldanlage mag komplex erscheinen, aber keine Sorge. Dieses Buch begleitet dich Schritt für Schritt und vermittelt dir das nötige Wissen und die Werkzeuge, um deine finanzielle Zukunft in die eigenen Hände zu nehmen.

Wie Lisa die Finanzlandschaft erkundete

Lisa tauchte mit jedem Schritt tiefer in die fachlichen Grundlagen ein. Sie lernte einiges über das Sparen, das Wesen des Investierens und die Kunst, Renditen zu erzielen.

Die Welt der Aktien offenbarte ihr ein Universum voller Möglichkeiten. Lisa erkannte den Reiz dieser rentablen Anlageklasse und suchte nach Wegen, davon zu profitieren. Die Aktienkurse wurden für sie zum Dreh- und Angelpunkt ihrer Erkundung. Doch was lenkt deren Entwicklung?

Mit zunehmendem Interesse erkundete sie die Verflechtungen zwischen den Aktienmärkten und der gesamtwirtschaftlichen Entwicklung und erfasste die Bedeutung von Indizes als Spiegel der Marktperformance.

Die intensive Auseinandersetzung mit der Frage, wie sie am Kurswachstum teilhaben konnte, ließ sie die wahre Bedeutung von ETFs verstehen. Sie begriff sie als Werkzeug, um von der Entwicklung der Finanzmärkte zu profitieren. Mit dieser Erkenntnis stand sie vor der nächsten Herausforderung: Wie sollte sie ETFs einsetzen, um einen möglichst großen Anteil an der Marktrendite zu realisieren?

Antworten fand sie in den Regeln erfolgreicher Geldanlage und den Schlüsselprinzipien des Investierens. Sie verstand, dass thesaurierende ETFs, die erwirtschafteten Erträge automatisch reinvestieren und genutzt werden können, um den Zinseszins-Effekt zu maximieren.

Die Puzzleteile in Lisas Kopf fügten sich zu einer Strategie zusammen. Sie stand an der Schwelle zu ihrem eigenen Anlageplan – dem nächsten Kapitel in ihrer finanziellen Erfolgsgeschichte.

Lisas Reise: Lisa hat sich durch die fachlichen Grundlagen gearbeitet und ein Verständnis für die Zusammenhänge und Möglichkeiten entwickelt. Folge Lisa auf ihrem Weg.

----

1. Finanzblick 2024: Sparen und Investieren

Lass uns sichere Wege finden, um deine Finanzen zu optimieren. Hier sind die Grundlagen: Sparen, Investieren und Rendite.

Beim Arbeiten verdienen wir Geld, aber im Ruhestand sind wir in der Regel auf eine Rente angewiesen, die niedriger sein wird als unser Einkommen. Es ist also sinnvoll, heute nicht alles auszugeben, sondern einen Teil unseres Einkommens in die Zukunft zu verlagern. Dies gelingt durch Sparen und durch Investieren. Die Rendite dient dabei als Gradmesser des Anlageerfolges.

Sparen bedeutet, Geld anzusammeln und Zinsen zu verdienen. Zinsen? Das sind die kleinen Beträge, die ein Schuldner seinem Gläubiger für geliehenes Geld zahlt. Das angesparte Geld ist sicher, aber unterliegt möglicherweise dem Kaufkraftverlust durch Inflation.

Investieren beinhaltet den langfristigen Einsatz von Geld, um zukünftigen Nutzen zu erzielen. Es kann risikoreicher sein als Sparen, da der Wert der Investition von Marktschwankungen abhängt, bietet jedoch auch höhere Gewinnchancen. Nicht zu verwechseln ist die Investition mit der Spekulation, welche kurzfristig ausgerichtet und riskanter ist.

Rendite bezeichnet den prozentualen Gewinn oder Verlust, den eingesetztes Kapital über einen bestimmten Zeitraum erbringt. Hier fließt alles rein: Zinsen, Dividenden und Kursgewinne. Rendite kann man sowohl mit Sparen als auch mit Investieren generieren, wobei Investieren darauf abzielt, eine höhere Rendite zu erreichen als das reine Sparen.

Die große Auswahl: Spar- und Investitionsmöglichkeiten

So viele Möglichkeiten, so wenig Zeit. Von Tages- und Festgeld bis hin zu Aktien und Immobilien – hier gibt's Rendite! Die richtige Wahl der Anlageklasse entscheidet über deinen Erfolg.

Zuerst die Sicherheit: Tages- oder Festgeld. Ein- und Ausstieg, wann du willst – das ist Flexibilität pur! Und Festgeld? Höhere Zinsen, aber dafür etwas unflexibler. Deine Wahl!

- Tagesgeldkonto: Das ist ein flexibles Bankkonto, auf das Kunden jederzeit zugreifen und von dem sie jederzeit Geld abheben können. Tagesgeldkonten bieten derzeit Zinssätze zwischen 3 % und 5 %, die sich jedoch ändern können.
- Festgeldkonto: Das Geld wird für einen bestimmten Zeitraum angelegt. Aufgrund der geringeren Verfügbarkeit sind die Zinssätze in der Regel höher als die von Tagesgeldkonten.

Es folgen die Chancen auf Rendite. Unterschiedliche Anlageklassen – unterschiedliche Merkmale und Chancen. Deine Entscheidung!

- Aktien: Mit dem Kauf von Aktien wird man zum Teilhaber eines Unternehmens. Damit geht auch ein Teil des unternehmerischen Risikos einher, im Idealfall erzielt man positive Renditen.
- Anleihen: Hier leiht man einem Unternehmen oder Staat Geld, im Gegenzug erhält man Zinsen. Die Rendite einer Anleihe wird durch verschiedene Faktoren beeinflusst.
- Immobilien: Sie dienen oft als Investitionsobjekte zur Generierung zukünftiger Mieteinnahmen. Ihr Wert kann langfristig steigen, aber auch hohe Anfangsinvestitionen erfordern.
- Rohstoffe: Dazu zählen Gold, Silber, Öl und andere. Diese Anlageklasse kann in Krisenzeiten an Attraktivität gewinnen, bringt jedoch spezifische Risiken mit sich.
- Währungen: Mit Währungen spekuliert man darauf, dass sich der Wechselkur zum eignen Vorteil verändert. Man unterscheidet zwischen klassischen Währungen[8] und Kryptowährungen[9].

Die vorgestellten Anlageklassen variieren in ihren Renditen, Risiken und erfordern unterschiedliche Zeithorizonte sowie Marktverständnis. Weiterführende Analysen und Überlegungen sind entscheidend, um fundierte Anlageentscheidungen zu treffen.

---

[8] Klotz, Antonie: „Geldanlage für Mutige: Strategien für mehr Rendite", Berlin 2022, S. 88 ff.

[9] Klotz, Antonie: „Geldanlage für Mutige: Strategien für mehr Rendite", Berlin 2022, S. 119 ff.

Ausgewählte Spar- und Investitionsmöglichkeiten im Jahr 2024

Was ging letztes Jahr so ab? Aufgrund der gestiegenen Zinsen sind Tages- und Festgeld wieder im Rennen und Anleihen haben ein Comeback. Aktien sind und bleiben der Rockstar und Kryptos? Ja, die bleiben spekulativ!

Tagesgeld – Rückkehr der Zinsen

Bereits seit Juni 2022 können Sparer wieder Zinsen auf Tagesgeld- und Festgeldkonten erhalten. In der näheren Vergangenheit gab es jedoch Zeiten, in denen einige Banken von ihren Kunden sogar Negativzinsen auf Tagesgeldkonten verlangten.[10]

Anleihen – neue Chancen

Aufgrund der gestiegenen Zinsen sind Anleihen als Anlagemöglichkeit interessanter als sie es in der Niedrigzinsphase waren. Beabsichtigen Anleger eine Anleihe vor dem Ende der Laufzeit an der Börse zu verkaufen, ist für die Rendite neben der Verzinsung die Kursentwicklung maßgeblich. [11]

---

[10] Thieme, Matthias: „Tagesgeldvergleich: So finden Sie jetzt die besten Zinsen", Abrufdatum: 15.10.2023.

[11] Deutsche Börse: „Erträge aus Anleihen und ihre Bewertung", Abrufdatum: 04.01.2024.

Aktien – langfristige Rentabilität

Obwohl die Kurse kurzfristig schwanken, sind Aktien langfristig die sicherste und rentabelste liquide Anlageklasse. Ein langfristiges Komplettinvestment in Aktien ist historisch betrachtet am erfolgreichsten.[12]

Kryptowährungen – Risiken bleiben

Kryptowährungen werden aufgrund des Zusammenbruchs einzelner Krypto Börsen und starken Kursschwankungen, die für einige Anleger zum Verlust des eingesetzten Kapitals führten, immer noch als „hoch spekulativ" eingeschätzt.[13]

Zusammengefasst sind Tagesgeld zum Sparen und Aktieninvestments zum Investieren für fast alle Privatanleger geeignet. Private Investoren erreichen mit dieser Auswahl Sicherheit, Flexibilität und die Chance auf langfristige Rendite.

Rendite: Gewinn oder Verlust

Rendite ist King! Sie sagt, wie viel Prozent dein Kapital gewonnen oder verloren hat. Eine kleine Rechnung: Investiere 10.000 Euro in den Welt-Aktienmarkt mit einer Rendite von 8,7 % – nach einem Jahr gibt es 870 Euro extra! Abgefahren, oder? So macht Geld Spaß!

---

[12] Schmitt, Jan-Lukas: „Vergesst Anleihen", Ausgabedatum: 10.07.2023.

[13] Schmitt, Jan-Lukas: „Bitcoin ist ein unkalkulierbares Asset", Ausgabedatum: 26.06.2023.

Wachsende Märkte bedeuten für Anleger positive Renditen. Was lässt Kurse steigen und wann? Wie erkennst du, in welcher Phase sich ein Markt gerade befindet? Antworten auf diese Fragen findest du in Abschnitt 3. Vorher schauen wir uns die verschiedenen Möglichkeiten, um von Aktien zu profitieren, genauer an.

2. Aktien, Fonds und ETFs im Vergleich: eine einfache Einführung

Nach der Betrachtung von Aktien als Anlageklasse möchte ich nun den Fokus auf Aktien als Finanzprodukt im Vergleich zu Fonds und ETFs lenken. Aktien repräsentieren direkte Beteiligungen an Unternehmen und bieten potenziell hohe Renditen, gehen aber mit höheren Risiken einher. Im Gegensatz dazu sind Fonds und ETFs (Exchange-traded Funds) Investmentvehikel, die aus einer Vielzahl von Titeln bestehen.

Der entscheidende Unterschied: Während Aktien direkte Unternehmensbeteiligungen sind, bieten Fonds und ETFs eine gestreute Anlage in verschiedene Märkte und Wertpapiere. Fonds ermöglichen es, breit diversifiziert zu investieren, ohne einzelne Aktien selbst auswählen zu müssen. Sie können nur aus Aktien oder aus verschiedenen Anlageklassen bestehen und als ausschüttende oder thesaurierende Fonds angelegt sein. ETFs sind börsengehandelte Fonds, die sich an einem Index orientieren. Die automatisierte Nachbildung von Marktindizes macht sie kosteneffizient, transparent und flexibel.

Das Verständnis der Unterschiede zwischen Aktien, Fonds und ETFs hilft dir, einen Anlageplan zu entwickeln, der deinen Zielen entspricht.

Aktien als Finanzprodukt

Sie sind wie das wilde Pferd im Portfolio-Stall – vielversprechend, aber man muss sie im Auge behalten. Nicht jedermanns Sache.
Als Aktieninhaber profitierst du von Kurssteigerungen und Dividendenausschüttungen.[14] Dafür nimmst du Risiken in Kauf - von Kursschwankungen bis hin zum vollständigen Verlust des eingesetzten Kapitals im Falle einer Insolvenz. Um diese Risiken zu managen, bedarf es der Auswahl passender Wertpapiere und einer aktiven Überwachung. Für viele Privatanleger ist dies herausfordernd, wodurch Verluste entstehen können.

Die Schwierigkeiten bei der Einzelaktienauswahl haben zur Entwicklung verschiedener Fonds geführt, die sich anhand diverser Kriterien unterscheiden.

Fonds im Fokus

Fonds bieten Vielfalt – ob du nun nach regelmäßigen Ausschüttungen oder eher nach dem Reinvestieren von Gewinnen suchst, hier wirst du fündig.

Es gibt verschiedene Fondsarten, je nachdem wie sich ein Fonds zusammensetzt, ob der Fonds die Dividenden ausschüttet oder wieder anlegt und ob der Fonds aktiv gemanagt wird oder passiv einen Index nachbildet. Aktienfonds bestehen ausschließlich aus Aktien und Mischfonds setzen sich aus verschiedenen Anlageklassen zusammen. Ausschüttende Fonds

[14] Dividenden bezeichnen die Gewinnausschüttungen pro Aktie an Eigentümer

zahlen jährliche Dividenden direkt an die Anleger aus. Thesaurierende Fonds reinvestieren Dividenden automatisch in neue Fondsanteile. Aktive Fonds, gemanagt von Experten, wählen und verwalten Wertpapiere gemäß bestimmten Kriterien. Die Gebühren dafür liegen bei ca. 1,5 % jährlich und oft gibt es noch einen Ausgabeaufschlag in Höhe von durchschnittlich 5 %. Passive Fonds, auch als Indexfonds bekannt, bilden automatisch Marktindizes nach. ETFs sind passive Fonds, die an Börsen gehandelt werden.

ETFs im Detail

Sie sind die coolen „Kids from the Block“, die sich automatisch mit dem Markt bewegen und dabei nicht zu viel von deinem Geld abzwacken.

Ein Aktien-ETF bildet den Wert verschiedener Unternehmen ab, basierend auf deren Aktienkursen. Die Zusammensetzung des ETF entspricht einem Marktindex und ändert sich synchron mit dem Aktienhandel, was den ständigen Preiswechsel des ETFs bedingt. Diese kontinuierliche Anpassung erfolgt automatisch.

Lass mich dieses Prinzip anhand eines einfachen Beispiels verdeutlichen: Ein physischer DAX-ETF enthält Aktien aller im DAX gelisteten Unternehmen, exakt entsprechend ihrer Gewichtung im Index. Folglich steigt oder fällt der Kurs des DAX-ETFs parallel zum DAX-Index – ein Anstieg um 6 % im DAX resultiert in einem 6 %-igen Anstieg des DAX-ETFs und genauso geht es auch in die negative Richtung.

ETFs sind kostengünstig für Anleger, da sie lediglich eine Abbildung eines Index sind und keine menschlichen Entscheidungen erfordern. Es gibt keine Ausgabeaufschläge und die laufenden Kosten liegen typischerweise zwischen 0,1 % und 0,5 % jährlich.

Die Indexnachbildung von ETFs kann physisch oder synthetisch erfolgen. Bei physischer Nachbildung werden Aktien tatsächlich gekauft oder verkauft, um den Index zu spiegeln. Synthetische Nachbildungen nutzen dafür Tauschgeschäfte (Swaps).

Wie andere Fonds bieten auch ETFs die Wahl zwischen ausschüttenden und thesaurierenden Varianten, je nachdem, ob die Dividenden ausgeschüttet oder reinvestiert werden sollen.

Wissenswertes!

ETFs bieten Privatanlegern die Möglichkeit, in gesamte Aktienmärkte zu investieren und von der Marktrendite zu profitieren.

In den Details steckt der Spaß: ETFs sind breit aufgestellt, aber Vorsicht vor den vermeintlichen Fallstricken – wobei die Kritiken manchmal etwas übertrieben sind. Obwohl ETFs seit etwa 20 Jahren in Deutschland existieren, sind sie für viele immer noch neu. Mit dem ETF-Angebot wächst auch die Kritik, wobei die unterstellten Risiken wie Wertpapierleihe und Herdenverhalten während Crashs hauptsächlich spekulativ sind. ETFs bieten Diversifikation und Zugang zu Märkten zu niedrigen

Kosten, bleiben aber aufgrund der Volatilität der Märkte, die sie abbilden Kursschwankungen und Währungsrisiken unterworfen.[15]

Was sagt der Aktienmarkt?

Diese verschiedenen Optionen bedienen verschiedene Geschmäcker. Von persönlichen Zielen bis hin zur finanziellen Vorliebe – hier findest du deinen eigenen Stil. Und die ETFs? Die machen das Investieren einfach und spiegeln die Marktperformance wider. Spannende Zusammenhänge gibt es im nächsten Abschnitt.

---

[15] Wallstabe-Watermann, Brigitte u.a.: „Anlegen mit ETF. Geld bequem investieren mit ETF und Indexfonds", Berlin 2020, S. 153.

3. Das Zusammenspiel von Wirtschaft und Aktienmärkten

Nun werden wir uns dem engen Zusammenhang zwischen Wirtschaft und Aktienmärkten widmen. Du wirst verstehen, wie die Wirtschaft die Kursentwicklung an den Aktienmärkten beeinflusst. Das Verständnis der Funktionsweisen von Wirtschaft und Aktienmärkten kannst du dafür nutzen, bessere Geldanlage-Entscheidungen zu treffen.

Aktienmärkte im Überblick

Der Aktienmarkt ist ein Finanzmarkt, auf dem der Handel mit Aktien stattfindet. Er ist ein Teil des Kapitalmarktes, an dem öffentlich gehandelte Unternehmen ihre Aktien verkaufen können, und er bietet Investoren die Möglichkeit, diese Aktien zu kaufen oder zu verkaufen.

Der Aktienmarkt kann global, national oder regional sein und umfasst eine Vielzahl von Börsen und Handelsplätzen, auf denen der Handel mit Aktien stattfindet. Er ist ein wichtiger Bestandteil des Finanzsystems und spielt eine zentrale Rolle bei der Kapitalbeschaffung für Unternehmen sowie bei der Schaffung von Anlagemöglichkeiten für Investoren.

Der Aktienmarkt unterliegt Schwankungen und wird von verschiedenen Faktoren beeinflusst, darunter wirtschaftliche Bedingungen, Unternehmensnachrichten, politische Entwicklungen und globale Ereignisse. Er ist ein dynamischer Markt, der sowohl Einflüsse von

Angebot und Nachfrage als auch externe Faktoren erfährt und sich ständig verändert.

Die Performance von Aktienmärkten wird anhand von Indizes gemessen. Einen hast du bereits kennen gelernt: den Deutschen Aktienindex – DAX. Mit Hilfe von Indizes können sich Anleger einen Eindruck von der Entwicklung einzelner Märkte verschaffen und für sich geeignete Märkte auswählen.

Die Wirtschaft als Treiber der Finanzmärkte

Die Wirtschaft ist ein zentraler Treiber der Finanzmärkte und prägt maßgeblich die Renditen verschiedener Anlageklassen, einschließlich Aktien. Die Wirtschaft umfasst alle wirtschaftlichen Aktivitäten innerhalb einer Region oder eines Landes und wird durch verschiedene Indikatoren wie das Bruttoinlandsprodukt (Maßzahl für die wirtschaftliche Gesamtleistung), die Inflation und die Arbeitslosenquote gemessen. Um die Funktionsweise unseres Wirtschaftssystems zu verstehen, ist es hilfreich sich mit der Dynamik des Wirtschaftskreislaufes, der Rolle der verschiedenen Akteure, insbesondere der Unternehmen und des Staates sowie der Konjunkturabhängigkeit einzelner Branchen vertraut zu machen.

Die Dynamik des Wirtschaftskreislaufs

Überraschenderweise ähnelt die Funktionsweise der Wirtschaft der einer Maschine, bei der sich wirtschaftliche Abläufe ständig wiederholen.[16] Zwischen den Wirtschaftsakteuren, den Unternehmen, Haushalten, den Banken und dem Staat findet ein fortwährender Austausch von Waren, Dienstleistungen und Finanzanlagen gegen Geld oder Kredit statt.

Die Rolle der Unternehmen

Das Streben nach Gewinn- und Nutzenmaximierung treibt das Wachstum[17] an und ist das Hauptmotiv unternehmerischen Handelns. Wachstum bringt Unternehmen Größenvorteile, eine gesteigerte Attraktivität an den Arbeits- und Kapitalmärkten sowie eine erhöhte Marktmacht, die ihr Überleben sichert. Die Erzielung von Gewinnen ist dafür unerlässlich.

Die Funktion des Staates

Auch die Wirtschaftspolitik zielt auf Wachstum ab. Wirtschaftswachstum schafft eine größere Verteilungsmasse, mit der soziale Ziele leichter erreicht werden können. In Deutschland und der Europäischen Union ist ein stetiges und angemessenes Wirtschaftswachstum als ein Hauptziel im Stabilitäts- und Wachstumsgesetz von 1967 gesetzlich verankert, ebenso

---

[16] Dalio, Ray: „Productivity and structural reform. Why countries succeed and fail, and what should be done so failing countries succeed", Abrufdatum: 14.10.2020.

[17] Schäfer, Andreas: „Wachstum", Abrufdatum: 14.10.2020.

findet sich dieses Ziel im Stabilitäts- und Wachstumspakt der Europäischen Union.[18]

Der Staat verfügt über verschiedene Instrumente, um das Wirtschaftswachstum zu fördern, wie die Möglichkeit, Steuern zu erhöhen oder zu senken, Ausgaben zu erhöhen, Subventionen bereitzustellen und Schulden aufzunehmen. Die Zentralbanken können durch die Veränderung der Leitzinsen und die Ausgabe neuer Banknoten Einfluss auf die gesamtwirtschaftliche Lage nehmen.

Wie sie das tun und welche Auswirkungen es hat, konnten wir im letzten Jahr in Deutschland miterleben.

Wissenswertes!

In 2023 hat die Europäische Zentralbank die Leitzinsen mehrmals erhöht, um die Inflation nach unten zu drücken. Im Juni 2023 lag die Inflation in Deutschland bei 6,4 %.[19] Das mittelfristige Inflationsziel der EZB liegt bei 2 %.[20] Die angestrebten Folgen der Leitzinserhöhung: Unternehmen investieren weniger, da die Kredite teurer werden, die Verbraucher kaufen weniger ein. Da sich Sparen jetzt wieder lohnt, sinken die Nachfrage und

---

[18] Statistisches Bundesamt: „Gesamtwirtschaftliches Gleichgewicht durch das magische Viereck“, Abrufdatum: 04.09.2023.

[19] Statista: „Inflationsrate in Deutschland von Juni 2021 bis Juni 2023“, Abrufdatum: 12.07.2023.

[20] Europäische Zentralbank „EZB-Rat verabschiedet neue geldpolitische Strategie“, Abrufdatum: 04.09.2023.

in Folge auch die Verbraucherpreise und die Inflation nimmt ab.

Der Konjunkturzyklus

Die wellenförmige Bewegung der Wirtschaft und der Wechsel zwischen verschiedenen wirtschaftlichen Phasen wie Expansion, Hochkonjunktur und Rezession werden Konjunkturzyklus genannt. Dieser Zyklus ist durch periodische Schwankungen der gesamtwirtschaftlichen Aktivität gekennzeichnet.

Expansion und Hochkonjunktur kennzeichnen Phasen wirtschaftlicher Aufwärtsbewegung. Hier wächst die Wirtschaft, es gibt eine erhöhte Produktion, steigende Beschäftigungszahlen und ein generelles Wachstum der wirtschaftlichen Aktivität. Das ist die Zeit, in der Unternehmen florieren, Investitionen zunehmen und das Vertrauen in die Wirtschaft hoch ist.

Auf der anderen Seite stehen Rezessionen. Das sind Phasen wirtschaftlichen Abschwungs, begleitet von sinkender Produktion, Rückgang der Beschäftigung, sinkenden Investitionen und oft sinkenden Preisen. Die Rezessionen sind oft von Unsicherheit und zurückhaltenden Ausgaben geprägt, was zu einem negativen Wirtschaftswachstum führt.

Der Konjunkturzyklus wird durch verschiedene Faktoren beeinflusst, darunter die Geldpolitik, Konsumverhalten, Investitionen, internationale Entwicklungen und technologische Veränderungen. Es ist ein komplexes Zusammenspiel, das die ständigen Auf- und Abwärtsbewegungen der Wirtschaft bestimmt.

Die Konjunkturabhängigkeit einzelner Branchen

Einzelne Wirtschaftszweige sind unterschiedlich stark vom Verlauf der Konjunktur abhängig. Nichtzyklische Branchen sind relativ unabhängig von der herrschenden Konjunkturphase. Nahrungsmittel werden immer benötigt, ebenso Medikamente, Strom, Gas, Rohstoffe und Versicherungen. Deshalb zeigen sie gerade in schwachen Wirtschaftsphasen eine bessere Leistung als konjunkturabhängige Branchen. Diese erleben ihren wirtschaftlichen Höhepunkt in der folgenden Reihenfolge: Von einem wirtschaftlichen Aufschwung profitiert zunächst der Maschinenbau, dann die Chemiebranche, gefolgt von Technologie und Telekommunikation, Stahl-, Bauindustrie und Medien. In der Phase der Hochkonjunktur folgen die Automobilbranche sowie Handel und Konsum.[21]

Die Dynamik der Aktienmärkte

So wie die Wirtschaft als Ganzes, unterliegen auch Aktienmärkte verschiedenen Phasen. Die sich ständig wiederholenden Auf- und Abschwünge sind Teil des natürlichen Wachstumsprozesses. Langfristig gesehen zeigen Aktienmärkte eine positive Entwicklung, wobei die Kurse tendenziell steigen und attraktive Renditen erzielt werden können.

---

[21] Wallstabe-Watermann, Brigitte u.a.: „Anlegen mit ETF. Geld bequem investieren mit ETF und Indexfonds“, Berlin 2020, S.137.

Marktstimmung und Investorenverhalten

Die Preisbildung an den Aktienmärkten wird durch die Marktstimmung beeinflusst. Ist ausreichend Kapital vorhanden, hängt die Kursentwicklung von der Einschätzung der Mehrheit der Aktionäre ab. Anleger unterscheiden sich anhand ihrer Interessen, ihrer Ziele sowie ihrer Motivation. Der Investor plant langfristig, um eine Wertsteigerung und die Vermehrung seines eingesetzten Kapitals zu erreichen, wohingegen die anderen Anlegertypen aus unterschiedlicher Motivation kurzfristig agieren. Der Spekulant zielt auf Gewinn ab und wird von Gier getrieben, den Spieler reizt der Nervenkitzel und den Finanzakrobaten Gier bis hin zum Größenwahn.[22]

Emotionen und Anlage-Entscheidungen

Die Emotionen der Anleger bewegen sich mit den Kursen und verleiten zu Fehlentscheidungen. Investoren neigen in Aufschwungphasen zur Euphorie und in Phasen des Abschwungs zur Panik. In Aufschwungphasen werden viele positive Emotionen wie Hoffnung, Erleichterung, Optimismus und Aufregung von den Anlegern erlebt. Diese Euphorie kann unerfahrene Anleger dazu bringen, genau dann in den Markt einzusteigen, wenn die Kurse und damit das Einstiegsrisiko ihren Höhepunkt erreicht haben.

[22] Wienkamp, Herbert: „Anreiz, Risiko, Ruin: Finanzpsychologie für jedermann“, Berlin 2019, S. 63 ff.

Phasen des Abschwungs hingegen lösen negative Gefühle wie Sorge, Verleugnung, Angst, Verzweiflung, Panik, Kapitulation und Mutlosigkeit bis hin zur Depression bei den Anlegern aus. In solchen Zeiten neigen Anleger dazu, panisch zu reagieren und ihre Anlagen zu verkaufen, selbst wenn es nicht ratsam ist, dies zu tun.

Tatsächlich bietet der Abschwung oft die beste Gelegenheit für Einsteiger, von steigenden Kursen zu profitieren. In solchen Zeiten kann man zu vergleichsweisen niedrigen Preisen einkaufen, und die Wahrscheinlichkeit, dass der Index seinen früheren Wert wieder erreicht, ist sehr hoch. Das bedeutet, dass Anleger, die in Zeiten der Panik und Niedergeschlagenheit ruhig bleiben und langfristig denken, von den anschließenden Aufschwungphasen am meisten profitieren können.

Aktienmärkte und Wirtschaft: Rückblick und Ausblick

In diesem Abschnitt hast du das Zusammenspiel zwischen Wirtschaft und Aktienmärkten kennen gelernt und verstanden, wie die Wellenbewegung der Konjunktur sich in die Zickzack-Bewegung der Aktienkurse übersetzt. Im nächsten Abschnitt schauen wir uns die Entwicklung von Aktienmärkten genauer an. Wir tauchen ein in die Welt der Indizes, welche die Performance von Aktienmärkten widerspiegeln.

4. Deep dive: Aktienkurse und Indizes verstehen

Investieren in Finanzmärkte ist wie die Erkundung eines riesigen Labyrinths, in dem Anleger nach Wegen suchen, um ihre finanziellen Ziele zu erreichen. In dieser Suche dienen Indizes als Wegweiser. Sie sind nicht nur Spiegelbilder der Marktentwicklung, sondern auch Türöffner zu diversifizierten Portfolios und gezielten Investitionen. Begleite mich auf diesem Weg, während wir die verschiedenen Arten von Indizes erkunden, ihre Bedeutung verstehen und herausfinden, wie sie dazu beitragen, Anlagepläne zu formen und langfristige finanzielle Ziele zu erreichen.

Was sind Indizes?

Indizes bilden die Performance von Märkten oder Teilmärkten ab. Sie sind wie Spiegel, die die Entwicklung an den Märkten reflektieren. Indizes werden kontinuierlich überprüft und angepasst, um das aktuelle Marktgeschehen wiederzugeben.

Verschiedene Arten von Indizes

Es gibt eine Reihe von Indizes, die die Entwicklung von Aktien- und Aktienteilmärkten widerspiegeln, aber auch Indizes für Anleihen-, Rohstoff- und Immobilien-Märkte. Neben den bekannten Aktienindizes „Welt“ gibt es Länder-, Regionen-, Branchen- und Themenindizes, die einen genaueren Blick wert sind. Lass uns gemeinsam mit einem Überblick über die wichtigsten Aktien-Indizes starten.

Der bekannteste Welt-Index

Der MSCI World ist der bekannteste Welt-Index. Er wird seit März 1968 ermittelt und bildet die Kursentwicklung von über 1.500 Unternehmen aus 23 Industrienationen nach.

Das Chart zeigt den Kursverlauf des MSCI World der letzten 5 Jahre. Deutlich erkennbar sind die ständigen Auf- und Abwärtsbewegungen. Im März 2020 gab es einen signifikanten Kurseinbruch. Kennst du die Ursache dafür?

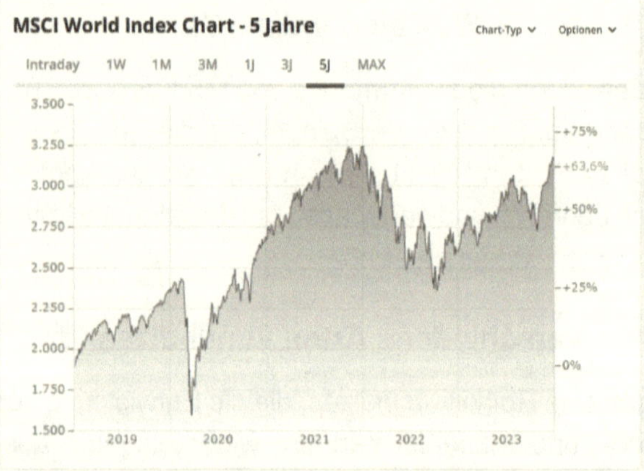

Abbildung 1: MSCI World 5-Jahres-Chart[23]

[23] Finanzen.net: „MSCI World 5-Jahres-Chart", Abrufdatum: 04.01.2024.

Corona, richtig! Legt man ein Lineal über die Kurve, sieht man, dass der Kurs über mehrere Jahre gestiegen ist – trotz der kurzfristigen Schwankungen.

In jedem dieser Länder deckt der Index mit den größten Aktiengesellschaften ca. 85 % des Marktwertes ab. Die im Index vertretenen Unternehmen sind in den USA, Japan, Großbritannien, Frankreich, Kanada und anderen Ländern ansässig. Die größten Branchen sind IT, Finanzen, Gesundheit, langlebige Konsumgüter und Industrie. Als Top-Unternehmen repräsentieren Apple, Microsoft, Amazon, Nvidia und Alphabet den Index.[24]

Eine Alternative zum MSCI World ist der FTSE Developed Markets[25] Index. Beide Welt-Indizes umfassen große und etablierte Unternehmen aus entwickelten Ländern. Mit Aktien von Unternehmen aus verschiedenen Ländern und Branchen bieten beide Indizes eine breite Risikostreuung. Sie nutzen unterschiedliche Methoden und Kriterien für die Aufnahme von Unternehmen. Der MSCI World wird von MSCI Inc. bereitgestellt, während der FTSE Developed Markets von FTSE Russell, einer Tochtergesellschaft der London Stock Exchange Group, berechnet wird.

---

[24] MSCI: „MSCI World Index Factsheet 30.11.2023", Abrufdatum: 04.01.2024.

[25] FTSE: „FTSE Developed Index Factsheet 30.06.2023", Abrufdatum: 11.07.2023.

Wissenswertes!

Der Name „MSCI World“ ist irreführend, denn der Index enthält nur Aktien von Unternehmen, die in Industrienationen ansässig sind. Als Schwellenländer kategorisierte Länder mit großer Wirtschaftskraft, wie zum Beispiel China oder Indien, sind nicht vertreten. Der Index besteht aktuell zu circa 70 % aus Aktien amerikanischer Unternehmen[26].

Noch größere Welt-Indizes

Großflächige Welt-Indizes setzen sich aus Aktien von Unternehmen zusammen, die sowohl in entwickelten als auch in Schwellenländern beheimatet sein können. Beispiele sind der MSCI All Country World (ACWI)[27], der MSCI ACWI IMI[28] und der FTSE-All-World[29]. Diese Indizes bieten eine umfassende Abdeckung von Aktienmärkten weltweit und ermöglichen eine breite Diversifikation über verschiedene Regionen und Länder hinweg. Im Unterschied zum MSCI ACWI umfasst der MSCI ACWI IMI auch kleinere Unternehmen („Mid Cap“ und „Small Cap“). Die Indizes werden von MSCI Inc. bzw. FTSE Russell bereitgestellt.

---

[26] MSCI: „MSCI World Index Factsheet 30.11.2023”, Abrufdatum: 04.01.2024.

[27] MSCI: „MSCI ACWI Factsheet 30.06.2023”, Abrufdatum: 11.07.2023.

[28] MSCI: „MSCI ACWI IMI Factsheet 30.06.2023”, Abrufdatum: 11.07.2023.

[29] FTSE: „FTSE All World Factsheet, 30.06.2023”, Abrufdatum: 11.07.2023.

Wissenswertes!

Aufgrund der unterschiedlichen Länderabdeckung, Gewichtungsmethodik und Unternehmensauswahl unterscheiden sich die Performance-Ergebnisse der Indizes.

Kleinere Indizes

Es gibt eine Vielzahl weiterer Indizes, die die Performance von Teil-Märkten widerspiegeln. Indizes, die sich aus Aktien von Unternehmen zusammensetzen, die die Nachhaltigkeitskriterien der Index-Herausgeber erfüllen, fallen in diese Kategorie. Regionale Märkte, wie Schwellenländer und Europa sowie einzelne Ländermärkte, gehören ebenfalls dazu. Es gibt auch Indizes, die Branchen nachbilden. Ebenfalls investierbar sind Themenindizes, wie Wasser, Gesundheit, Technologie, Energie und Rohstoffe sowie erneuerbare Energien. Auch interessant für Privatanleger sind die sogenannten Strategie-, Faktor- und Smart-Beta-Indizes, deren Zusammensetzung von spezifischen Anlagestrategien oder Faktoren abhängt.

Nachhaltige Indizes im Fokus

Durch eine nachhaltige Ausrichtung ihres Portfolios können Anleger nicht nur Renditen erzielen, sondern auch positiven Einfluss auf Umwelt und Gesellschaft nehmen.

Nachhaltige Indizes berücksichtigen Umwelt-, soziale und ethische Aspekte und bieten Investoren die Möglichkeit, ihre Werte in ihre Anlageentscheidungen einzubeziehen. Diese Indizes sind sowohl bei MSCI als auch bei FTSE verfügbar und lassen sich anhand der Zusätze „ESG" oder „SRI" im Index-Namen erkennen.

ESG - Indizes

ESG [30] steht für Environmental, Social und Governance und umfasst die drei zentralen Bereiche, auf die Unternehmen und Investoren achten sollten, um nachhaltige und verantwortungsbewusste Praktiken zu fördern.

- Environmental beschreibt die Auswirkungen eines Unternehmens auf die natürliche Umwelt.
- Social umfasst den Umgang eines Unternehmens mit sozialen Fragen und Auswirkungen auf die Gesellschaft.
- Governance betrifft die Strukturen und Prozesse, mit denen ein Unternehmen geführt und kontrolliert wird.

Diese drei ESG-Kriterien werden zunehmend von Unternehmen, Investoren und Finanzinstitutionen verwendet, um ökologische und soziale Auswirkungen

[30] Mulke, Wolfgang: „Nachhaltig Geld anlegen: Ökologisch, sozial und ethisch investieren", Berlin 2022, S. 17.

sowie Aspekte der Unternehmensführung bei ihren Entscheidungen zu berücksichtigen.

SRI - Indizes

SRI[31] steht für „Socially Responsible Investing" und ist ein Ansatz für Investitionen, bei dem neben Renditen auch soziale und ethische Aspekte berücksichtigt werden. Das Ziel des SRI ist es, sowohl Renditen als auch positive Auswirkungen auf die Gesellschaft und die Umwelt zu erzielen. Es bietet Anlegern die Möglichkeit, ihre Werte und Überzeugungen in ihre Investitionsentscheidungen einzubeziehen und Unternehmen zu unterstützen, die ihren sozialen und ethischen Vorstellungen entsprechen. Der SRI-Ansatz kann verschiedene Formen annehmen:

- Ausschlusskriterien: Investoren vermeiden bestimmte Branchen bzw. Unternehmen, die als ethisch oder sozial unverantwortlich angesehen werden, z. B. Tabak, Waffen, Alkohol oder fossile Brennstoffe.
- Positives Screening: Investitionen erfolgen in Unternehmen, die bestimmte soziale oder ethische Kriterien erfüllen, wie Förderung erneuerbarer Energien, soziale Gerechtigkeit oder gute Arbeitsbedingungen.

---

[31] Mulke, Wolfgang: „Nachhaltig Geld anlegen: Ökologisch, sozial und ethisch investieren", Berlin 2022, S 17.

Im Vergleich zu ESG, das einen breiteren Rahmen für Nachhaltigkeit und Unternehmensverantwortung bietet, konzentriert sich SRI speziell auf die sozialen und ethischen Auswirkungen von Investitionen.

Wissenswertes!

Es ist wichtig zu beachten, dass die spezifischen Kriterien und Methoden für nachhaltige Indizes im Laufe der Zeit variieren können, da Nachhaltigkeitsstandards und -praktiken weiterentwickelt werden.

Risikostreuung und Diversifikation

Die Diversifikation von Anlagen in Indizes bietet eine breite Streuung des Risikos. Während Welt-Indizes eine große Anzahl von Unternehmen umfassen, kann die Diversifikation in kleineren Indizes eingeschränkt sein.

Der Erfolgsfaktor „Risikostreuung" ist bei den normalen Welt-Indizes gegeben, da sie zwischen 1.500 und 9.200 Unternehmen beinhalten. Mit der Umwandung in Nachhaltigkeits-Indizes wird dieser Vorteil zum Teil stark eingeschränkt, wie ich dir anhand der folgenden Indizes zeigen möchte. Der MSCI World Index enthält circa 1.500 Unternehmen. Aus ihm werden nachhaltige Indizes abgeleitet, indem der Index-Herausgeber Unternehmen ausschließt, die bestimmte Nachhaltigkeitskriterien nicht erfüllen. Folglich ist die Zahl der Unternehmen, die in einem Nachhaltigkeitsindex vertreten sind, geringer als im normalen MSCI World. Der MSCI World SRI[32], der MSCI World SRI Selected Reduced Fossil Fuels sowie der MSCI World SRI Low Carbon Select umfassen nur noch Aktien von circa 400 Unternehmen.

Auch Regionen-, Länder-, Branchen- und Themen-Indizes bieten nur eine eingeschränkte Risikostreuung.

---

[32] Mulke, Wolfgang: „Nachhaltig Geld anlegen: Ökologisch, sozial und ethisch investieren", Berlin 2022, S 69 ff.

5. Prinzipien für nachhaltigen Erfolg in der Geldanlage

Dieser Abschnitt ist deine Eintrittskarte in die Welt der erfolgreichen Geldanlage. Hier lernst du die grundlegenden Prinzipien kennen, die den Unterschied zwischen finanzieller Freiheit und Geldsorgen ausmachen. Wir tauchen ein in das „magische Dreieck der Geldanlage", erkunden den Zinseszinseffekt und entlarven die Auswirkungen von Gebühren und Steuern auf deinen Erfolg.

Das magische Dreieck

Das magische Dreieck der Geldanlage aus Sicherheit, Verfügbarkeit und Rendite ist der Schlüssel zur optimalen Geldanlage. Sicherheit bezieht sich auf das Risiko, dass der Wert einer Anlage schwankt oder dass das eingesetzte Kapital verloren geht. Unter Verfügbarkeit versteht man die Möglichkeit, eine Anlage schnell und zu einem angemessenen Preis zu verkaufen. Rendite bezeichnet den Ertrag, den eine Investition erzielt. Das Ziel der Geldanlage besteht darin, ein optimales Verhältnis zwischen diesen drei Kriterien zu erreichen.

Der Zinseszinseffekt

Der Zinseszinseffekt offenbart die Macht des exponentiellen Wachstums, wenn Renditen reinvestiert werden. Ich zeige dir, wie du diese Kraft für dein Portfolio einsetzen kannst. Je länger eine Anlage gehalten wird, desto stärker wirkt der Effekt. Durch den Zinseszinseffekt kann ein kleiner Betrag bei kontinuierlicher Anlage über viele Jahre hinweg zu einer beachtlichen Summe anwachsen.

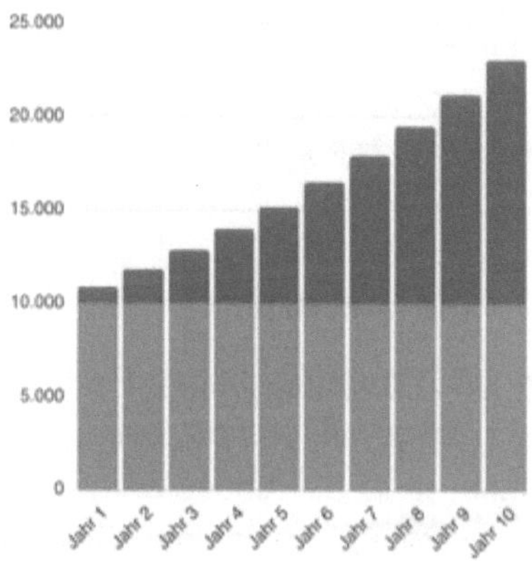

Abbildung 2: Beispiel Zinseszinseffekt

Der Zinseszinseffekt macht die Geldanlage besonders für junge Anleger attraktiv. Erinnerst du dich noch an das Beispiel im ersten Abschnitt dieses Kapitels? Nach einem Jahr betrug dein Gewinn 870 Euro. Nach 10 Jahren würde dein Gewinn bei einem Startbetrag von 10.000 Euro, einer durchschnittlichen Marktrendite von

8,7 % pro Jahr und kontinuierlicher Wiederanlage 13.030 Euro betragen. Die 10.000 Euro, die du zum Start eingesetzt hast, wären auf 23.030 Euro angewachsen. Großartig, oder?

Der Gebühreneffekt

Gebühren sind oft unterschätzte Faktoren bei der Geldanlage. Wir beleuchten, wie auch kleine Gebühren langfristig deine Rendite schmälern können. Der Gebühreneffekt besagt, dass auch kleine Gebühren sich im Laufe der Zeit zu einem erheblichen Betrag addieren und somit die Rendite beeinträchtigen können. Deshalb ist es sehr wichtig, die Gebührenstruktur und -höhe eines Finanzprodukts sorgfältig zu prüfen, bevor man investiert.

Die Steuern

Auch die Steuern sind oft unterschätzte Faktoren bei der Geldanlage. Ich zeige dir, wie du steuerliche Aspekte berücksichtigen kannst. Grundsätzlich kannst du davon ausgehen, dass die Steuer deinen Gewinn aus Kapitalerträgen um ca. 25 % reduziert.

Rendite maximieren mit ETFs

Erfahre, warum ETFs eine clevere Wahl für eine langfristige, kosteneffiziente und diversifizierte Anlage sind. Entdecke, wie du mit ETFs das „magische Dreieck" meisterst, Risiken streust, Gebühren minimierst und steuerliche Vorteile nutzt. Diese Werkzeuge sind der Schlüssel, um deine finanziellen Ziele zu erreichen und dein Geld smart zu investieren.

Mit ETFs das magische Dreieck meistern

Auch beim Investieren mit ETFs ist es wichtig, das magische Dreieck der Geldanlage im Auge zu behalten. Sicherheit, Verfügbarkeit und Rendite spielen eine entscheidende Rolle, denn ETFs unterliegen Risiken, die eng mit der Entwicklung des zugrunde liegenden Index verbunden sind.

Kursschwankungen können zu Verlusten führen, wenn der Verkaufskurs unter dem ursprünglichen Kaufkurs liegt. Es besteht also das Risiko, dass Anleger nicht den gesamten eingesetzten Betrag zurückbekommen.

ETFs werden an der Börse gehandelt und können jederzeit gekauft oder verkauft werden, was ihre Verfügbarkeit erhöht, und eine flexible Handhabung ermöglicht.

Die Rendite eines ETFs ist die Belohnung für das eingegangene Risiko. Unternehmensinsolvenzen können einem breit gestreuten ETF wenig anhaben, jedoch können länderübergreifende ETFs einem

Währungsrisiko unterliegen, da die Aktien in der Heimatwährung des Unternehmens notieren.

Folglich erfordert ein erfolgreiches Investment mit ETFs eine Berücksichtigung des magischen Dreiecks.

Mit ETFs den Zinseszinseffekt nutzen

Mit ETFs können Privatanleger den Zinseszinseffekt einfach nutzen, indem sie sich für „thesaurierende" ETFs entscheiden. Thesaurierende ETFs legen die Erträge automatisch wieder an. Das Kapital, das die Rendite erwirtschaftet, wächst kontinuierlich, der Wert der Geldanlage steigt exponentiell. Um den Zinseszinseffekt voll auszuschöpfen, ist es ratsam, die ETFs langfristig zu halten.

Mit ETFs Gebühren sparen

Basis-ETFs haben üblicherweise niedrige laufende Gebühren, oft um 0,2 %. Investieren mit diesen ETFs minimiert das Risiko, zu viel Geld für Gebühren auszugeben. Dennoch ist Vorsicht geboten, da es auch teurere ETFs und zusätzliche Gebühren gibt, die die Rendite mindern und das erzielbare Vermögen beeinträchtigen können.

ETFs und die Steuer

Die Steuer auf Zinsen, Dividenden und realisierte Kursgewinne, kurz Kapitalerträge wird in Form der Abgeltungssteuer von 25 % erhoben. Hinzu kommen Solidaritätszuschlag und ggf. Kirchensteuer. Der individuelle Steuersatz ist dagegen nicht maßgeblich. Die Steuer wird von der Depotbank direkt an das Finanzamt überwiesen. Thesaurierende ETFs generieren während der Anlage keine Gewinne, weshalb das Finanzamt jährliche Abschlagszahlungen über die Haltedauer verlangt. Um die steuerliche Belastung zu verringern, können Privatanleger mit einem Freistellungsauftrag ihre Sparerpauschbeträge von 1.000 Euro für Ledige und 2.000 Euro für Verheiratete geltend machen.

Wusstest du schon? Kinder haben eigene Sparerpauschbeträge und können Kapitalerträge bis zu 1.000 Euro pro Jahr und Kind generieren, ohne diese zu versteuern. Diese Erträge fallen nicht unter den Freibetrag der Eltern.[33]

Erkenntnisse und Aussichten

Mit diesem Wissen und einer fundierten Herangehensweise legst du den Grundstein für eine erfolgreiche Geldanlage. Die Zeit ist dein Verbündeter, und Geduld ist eine deiner wichtigsten Tugenden. Sei klug, sei vorsichtig, aber sei entschlossen – und ernte die Früchte deiner Anstrengungen für deine finanzielle Zukunft.

---

[33] Groth, Julia, Hoyer, Niklas: „Früh übt sich“, Ausgabedatum: 13.01.2023.

6. Anlagestrategien und die Rolle der ETFs im Überblick

In der Welt der Geldanlage stehen dir zwei grundlegende Wege zur Verfügung, um deine finanziellen Ziele zu erreichen: die aktive und die passive Anlagestrategie. Die aktive Anlagestrategie erfordert intensive Marktbeobachtung, die gezielte Auswahl von Wertpapieren und den ständigen Versuch, eine höhere Rendite als die Marktrendite zu erzielen. Auf der anderen Seite steht die passive Anlagestrategie, die auf Einfachheit, Langfristigkeit und das breite Abbilden eines Marktes setzt, ohne zu versuchen, eine Rendite zu erzielen, die über der Marktrendite liegt.

Beide Ansätze haben ihre Vor- und Nachteile, und die Wahl zwischen ihnen kann einen entscheidenden Einfluss auf deinen finanziellen Erfolg haben. Lass uns die aktive und passive Anlagestrategie genauer unter die Lupe nehmen, damit du die Vor- und Nachteile beider Ansätze verstehst.

Aktive Anlagestrategie

Die aktive Anlagestrategie beschreibt eine Vorgehensweise, bei der ein professioneller Fondsmanager oder ein Anleger versucht, durch gezielte Auswahl von Wertpapieren oder Marktprognosen eine höhere Rendite zu erzielen als der Markt im Allgemeinen. Der Fokus liegt hier auf der Maximierung der Rendite durch gezielte Aktienauswahl (Stock-Picking), durch den Kauf und Verkauf von Wertpapieren genau im richtigen

Moment (Timing) und Risikostreuung (Diversifikation). Aktive Anlagestrategien erfordern oft eine höhere Aufmerksamkeit und Zeitinvestition, da eine fortlaufende Überwachung der Märkte und Anlageentscheidungen notwendig ist.

Passive Anlagestrategie

Die passive Anlagestrategie hingegen ist ein Ansatz, bei dem das Ziel darin besteht, den Markt als Ganzes zu kopieren. Es wird nicht versucht, eine höhere Rendite als der Markt zu erzielen. Die Idee ist, dass die langfristige Rendite eines breiten Marktes erreicht werden kann, indem man einfach in einen Indexfonds oder ETF investiert, der den zugrundeliegenden Index repliziert. Passive Anlagestrategien erfordern weniger Aufmerksamkeit und Zeitinvestition, da sie langfristig ausgerichtet sind und keine fortlaufende Überwachung der Märkte notwendig ist.

Aktive versus passive Anlagestrategien

Aktive Anlagestrategien können zwar hohe Renditen erzielen, erfordern jedoch oft mehr Zeit und Kosten. Zudem besteht das Risiko, dass sie im Vergleich zum Gesamtmarkt schlechter abschneiden. Passive Strategien können langfristig bei geringeren Kosten hohe Renditen erzielen und benötigen in der Regel weniger aktive Überwachung. Allerdings können sie weniger Flexibilität bieten. Laut Stiftung Warentest erzielten innerhalb von 10 Jahren nur 12.1 % aller aktiv gemanagten US-Aktienfonds und nur 8 % der europäischen Fonds bessere Ergebnisse als eine einfache Markt-Nachbildung.[34]

Die Einsatzmöglichkeiten von ETFs in passiven Anlagestrategien

ETFs eröffnen Anlegern vielfältige Möglichkeiten, wenn es um die Gestaltung passiver Anlagestrategien geht. Ihre Flexibilität und breite Diversifikation machen sie zu einem attraktiven Instrument für langfristig orientierte Investoren. Lass uns einen Blick darauf werfen, wie ETFs effektiv in passive Anlagestrategien integriert werden können.

Wie Basis-ETF passive Anlagestrategien bereichern

Basis-ETFs eignen sich hervorragend für den Vermögensaufbau im Rahmen einer passiven Anlagestrategie, denn sie bilden große Marktindizes, wie den MSCI World Index, den FTSE All World Index und den MSCI All Country World Index nach – allesamt bereits bekannt. Verschiedene Fondsgesellschaften bieten ETFs auf diese Indizes an, darunter bekannte Namen wie iShares von Blackrock, Xtrackers und Lyxor.

Der entscheidende Vorteil von Basis-ETFs liegt in ihrer Diversifikation. Indem sie den gesamten Index nachbilden, ermöglichen sie Anlegern den Zugang zu

---

[34] Wallstabe-Watermann, Brigitte u.a.: „Anlegen mit ETF: Geld bequem investieren mit ETF und Indexfonds", Berlin 2020, S. 12.

einer Vielzahl von Vermögenswerten, was das Risiko erheblich verringert.

Basis-ETFs zeichnen sich zudem durch Transparenz und einfache Handelbarkeit[35] aus. Anleger können die Zusammensetzung ihres ETF-Portfolios leicht überprüfen, da der ETF den zugrunde liegenden Index widerspiegelt. Außerdem können ETF-Anteile während der Handelszeiten an der Börse problemlos gekauft oder verkauft werden. Die niedrigen Verwaltungsgebühren von Basis-ETFs machen sie zu kosteneffizienten Anlageinstrumenten. Aufgrund der geringen Kosten behalten Anleger einen beträchtlichen Anteil der Rendite für sich.

Für langfristig orientierte Anleger, die eine breite Diversifikation und Stabilität in ihrem Portfolio suchen, sind Basis-ETFs besonders geeignet. Sie können als Kern für ein Portfolio dienen und durch spezifischere Investitionen ergänzt werden.

Spezialisierte ETFs für gezielte Investitionen: Rendite-Chancen bei erhöhtem Risiko

Spezialisierte ETFs erweitern die Möglichkeiten einer passiven Anlagestrategie, indem sie es Anlegern ermöglichen, ihre Portfolios gezielt auf spezifische Anlageziele auszurichten. Diese Art von ETFs erlaubt Investitionen in bestimmte Sektoren, Branchen oder Anlagethemen.

---

[35] Basis-ETFs werden breitflächig von Depot-Herausgebern angeboten und können 24/7 über Handelsplätze gekauft und verkauft werden.

- Branchen-ETFs: Diese ermöglichen gezielte Investitionen in bestimmte Wirtschaftszweige oder Megatrends, erfordern aber Überwachung und passen dennoch in eine passive Strategie, da sie auf langfristige Chancen setzen.
- Nachhaltige ETFs: Diese integrieren ethische Überlegungen in passive Anlagestrategien, indem sie Indizes nachbilden, die auf Unternehmen mit nachhaltigeren Praktiken setzen.
- Strategie- und Faktor-ETFs: Durch die Nutzung spezifischer Anlagestrategien oder finanzieller Faktoren gehen sie über die reine Indexnachbildung hinaus. Obwohl sie aktiver sind, können sie in eine passive Strategie integriert werden, um zusätzliche Renditechancen zu nutzen, ohne die grundlegende Ausrichtung auf breite Märkte zu verlieren.
- ETFs für verschiedene Anlageklassen: Investitionen in Anleihen, Rohstoffe und Immobilien erweitern die passive Anlagestrategie, indem sie Anlegern erlauben, das Anlagerisiko zu streuen. Dies ermöglicht es, potenzielle Verluste in einer Anlageklasse durch Gewinne in einer anderen auszugleichen, während weiterhin die Grundprinzipien einer passiven Strategie beibehalten werden. Es erfordert jedoch ein gewisses Verständnis der Märkte, kann aber dennoch als Teil einer passiven Strategie zur weiteren Diversifikation dienen.

Durch den Einsatz von spezifizierten ETFs können Anleger von besonderen Chancen profitieren, während sie weiterhin die Grundprinzipien der Passivität beibehalten.

Zusammengefasst lassen sich ETFs aufgrund ihrer Konstruktion perfekt mit einer passiven Anlagestrategie kombinieren. Und genau das habe ich getan. Im letzten Abschnitt des Grundlagenteils lernst du meine Schritte zur passiven Anlagestrategie kennen.

7. Meine Strategie zum Investieren und Profitieren erklärt

Hier ist meine Vorgehensweise für den Vermögensaufbau und die Verwendung. Sie umfasst drei wesentliche Phasen:

Phase 1: Portfolio einrichten

Ich beginne mit einem vorab festgelegten Verhältnis von Tagesgeld und ETFs, das zu meiner Persönlichkeit passt. Dieser Start erfordert meine Aufmerksamkeit, gibt mir aber auch die nötige Sicherheit für langfristiges Agieren.

Phase 2: Vermögen aufbauen

Verändert sich das Verhältnis zwischen Tagesgeld und ETFs aufgrund von Marktverschiebungen, sorge ich mit der Re-Balance-Methode dafür, dass mein Portfolio im Einklang mit meinen Zielen bleibt.

Phase 3: Vom ETF-Vermögen profitieren

Wenn sich aus meinem ETF-Portfolio ein Vermögen entwickelt, kann ich Geld entnehmen, um meine Ziele zu verwirklichen. Dabei ist es wichtig, Verluste zu vermeiden und einen Teil weiterhin investiert zu lassen.

Meine Strategie verfolgt einen passiven Ansatz, der darauf abzielt, die Marktrendite zu erreichen. Sie basiert auf dem Wissen, dass Märkte langfristig wachsen und dass die Chance, langfristig eine bessere Rendite als der Markt zu erreichen, für Privatanleger gering ist.

Im Mittelpunkt der Strategie steht ein Portfolio aus Tagesgeld und ETFs, inspiriert vom „Pantoffel-Portfolio" von Finanztest. [36] Das ermöglicht langfristige stabile Erträge durch breite Investitionen, reinvestierte Erträge und regelmäßiges Ausbalancieren.

Die Integration der Vermögensverwendung bietet zusätzliche Sicherheit im Vergleich zu gängigen Strategien wie dem einfachen „Kaufen und Halten".

Diese Anlagestrategie lässt sich einfach an individuelle Anlageziele, Anlagehorizonte und die persönliche Risikobereitschaft anpassen. Der größte Aufwand steckt in Phase 1, dem Einrichten des eigenen Portfolios, wohingegen Phasen 2 und 3 nur wenig Zeiteinsatz erfordern. Somit ist sie ideal für Privatanleger, die eigenständig investieren möchten, ohne viel Zeit oder Energie in die Verwaltung zu stecken.

Eine ausführliche Darstellung und konkrete Schritte zu jeder Phase meiner passiven Anlagestrategie findest du im nächsten Kapitel dieses Buches.

---

[36] Wallstabe-Watermann, Brigitte u.a.: „Anlegen mit ETF: Geld bequem investieren mit ETF und Indexfonds", Berlin 2020, S. 70.

Gemeinsam auf dem Weg zu Stabilität und Wohlstand

Jetzt, da ich dir meine Vorgehensweise vorgestellt habe, fragst du dich, wie du sie auf deine Situation anpassen und so für die Erreichung deiner finanziellen Ziele nutzen kannst.

Genau das werde ich dir zeigen. Mit der folgenden Schritt-für-Schritt Anleitung übersetzt du meine passive Anlagestrategie in deinen Anlageplan. Dieser vereint die Grundprinzipien der erfolgreichen Geldanlage und ermöglicht es dir, langfristig stabile Erträge zu erzielen.

Denke daran, dass erfolgreiche Geldanlage keine Raketenwissenschaft ist. Stundenlange Marktbeobachtung oder komplizierte Handelsstrategien sind nicht erforderlich. Dein Anlageplan bietet dir einen klaren Fahrplan, um deine finanziellen Ziele zu erreichen.

Also lass uns gemeinsam diesen Weg erkunden und deine finanzielle Zukunft gestalten. Die nächsten Schritte werden dir zeigen, wie einfach und effektiv diese Strategie in deinen eigenen Anlageplan zu übersetzen ist.

2 I feel good: Deine finanzielle Zukunft in 10 Schritten mit eigenem Anlageplan

Mit Hilfe dieser Anleitung gestaltest du einen maßgeschneiderten Anlageplan, der auf deine Bedürfnisse abgestimmt ist und klare Vorteile gegenüber dem reinen Wertpapierkauf bietet.

Er hilft dir, ein konkretes Vermögensziel zu definieren und zu emotionalisieren. Dabei passt er sich deiner Persönlichkeit und Risikotoleranz an. Der Plan fördert eine langfristige Perspektive und unterstützt dich dabei, Emotionen bei kurzfristigen Marktveränderungen zu umgehen.

Dein Anlageplan fördert eine disziplinierte Herangehensweise an die Geldanlage. Er dient als Leitfaden und erinnert dich, dein Vermögensziel im Auge zu behalten, unbeeinflusst von kurzfristigen Marktveränderungen.

In der folgenden 10-Schritte-Anleitung entwickelst du deinen Plan. Schritte 1 bis 5 definieren deinen Startpunkt anhand von 5 Dimensionen: Vermögensziel, Anlagedauer, Startbetrag, regelmäßiger Spar- und Investitionsbetrag sowie Portfoliostruktur.

Anschließend wählst du die Märkte und danach die ETFs aus, richtest ein kostengünstiges Depot und ein Tagesgeldkonto ein. So entsteht dein Anlageplan.

Im letzten Schritt überprüfst du, ob dein Plan dein Vermögensziel erreichen kann.

Jeder Schritt folgt einem klaren Muster, um es dir so leicht wie möglich zu machen. Beginne mit einer einfachen Einführung in die Aufgabe. Erfahre wie Lisa diesen Schritt gemeistert hat, und finde am Ende jedes Abschnitts wertvolle Ressourcen sowie eine kompakte Anleitung, die dir dabei hilft, die jeweilige Komponente zu bestimmen.

Persönliche Stärke durch finanzielle Planung

Lisas Geschichte ist inspirierend. Sie zeigt, wie die Entwicklung eines individuellen Anlageplans nicht nur finanzielle Sicherheit, sondern auch Stärke und Selbstbewusstsein schaffen kann. Trotz gelegentlicher Zweifel und emotionaler Herausforderungen gibt Lisa nicht auf. Ihr Weg zur finanziellen Unabhängigkeit ist ein Beweis dafür, dass Engagement und eine klare Strategie die Zielerreichung greifbar machen können.

Ihre Geschichte soll auch dich motivieren, die Entwicklung deines eigenen Anlageplans anzugehen. Es werden sicherlich Momente kommen, in denen dir bestimmte Schritte schwerfallen, aber denke daran, dass diese Reise dich nicht nur finanziell bereichern wird – du wirst auch an persönlicher Stärke gewinnen. Los geht`s.

Lisa auf dem Weg zu ihrem Anlageplan: Aus Unsicherheit wird Selbstgewissheit

Lisa ist bereits auf dem Weg zur selbstbestimmten Anlegerin. Sie hat mit dem Aufbau eines soliden Wissensfundaments begonnen und stand danach vor der Herausforderung, ihren eigenen Anlageplan zu entwickeln.

Zu Beginn war Lisa unsicher. Die langfristige Geldanlage war für sie Neuland. Besonders die Bestimmung ihres Vermögensziels und die Wahl der Portfoliostruktur - beides entscheidende Aspekte ihres persönlichen Startpunktes – fielen ihr schwer. Welches Vermögensziel sollte sie anstreben, ohne die genaue Entwicklung ihres Lebens vorhersehen zu können? Welche Portfoliostruktur wäre für sie die richtige? Wie viel Risiko konnte sie tatsächlich eingehen und wie würde sich das auf ihr Leben auswirken? Die Vorstellung, möglicherweise auf geplante Reisen verzichten zu müssen, um Verluste auszugleichen, belastete sie.

Trotz dieser Unsicherheiten fasste Lisa mutig den Entschluss, ihre finanzielle Zukunft selbst in die Hand zu nehmen. Mit meiner Unterstützung als Mentorin[37]*, wurde sie zunehmend selbstbewusster und zufriedener mit ihren Entscheidungen.*

---

[37] Als Mentorin vermittele ich Wissen, gebe Anleitung zur Erstellung des eigenen Anlageplans und unterstütze beim Start in die Umsetzung. Im Gegensatz zur klassischen Anlageberatung gebe ich keine Produktempfehlungen und arbeite unabhängig von Provisionszahlungen.

Lisas Reise: Sei gespannt darauf, wie Lisa ihre Herausforderungen Schritt-für-Schritt meistert und einen Anlageplan entwickelt, der ihre langfristigen Ziele unterstützt und ihr finanzielles Wachstum fördert.

----

1. Definiere deine finanzielle Zukunft: So ermittelst du dein Vermögensziel

Dein Vermögensziel ist das Endkapital, das du mit der Geldanlage erreichen möchtest. Zum Start und während des Vermögensaufbaus dient es dir als Orientierungspunkt. Es hilft dir, deinen Weg zur finanziellen Sicherheit zu planen und zu gestalten. Deshalb ist die Festlegung eben dieses Ziels der grundlegende Schritt in der Entwicklung deines Anlageplans.

Durch die Beschäftigung mit deinem Vermögensziel öffnen sich Türen zu einer Welt voller Möglichkeiten und Chancen, die dir zuvor vielleicht verborgen waren. Hast du dir jemals vorgestellt, wie es wäre, wenn deine Zukunft finanziell gesichert wäre? Wie würde es sich anfühlen, deine Wünsche Wirklichkeit werden zu lassen? Wie befreiend wäre es, keine schlaflosen Nächte mehr wegen Geldsorgen zu haben und deine Energie auf Dinge richten zu können, die dir wirklich am Herzen liegen?

Ein zentraler Vorteil der Bestimmung deines Vermögensziels ist die Sicherheit und Unabhängigkeit, die es dir bietet. Die Verfolgung deines finanziellen Ziels ermöglicht es dir, die notwendigen Ressourcen aufzubauen, um deine Träume zu verwirklichen und deine finanzielle Zukunft selbst in die Hand zu nehmen. Es funktioniert für dich wie ein Leitstern, der dir in allen Lebensphasen Orientierung bietet.

Lass dich nicht aufhalten

Dennoch ist es wichtig zu verstehen, dass der Weg zur Erreichung deines Vermögensziels mit Ängsten und Hindernissen verbunden sein kann. Innere und äußere Herausforderungen können dich davon abhalten, den ersten Schritt zu wagen. Zweifel an deinem Erfolg, die Angst vor dem Unbekannten oder Bedenken hinsichtlich deiner finanziellen Mittel lassen dich zögern.

Manchmal kommen Ängste und Hindernisse auch von außen. Vielleicht zweifeln Freunde oder Familie an deinem Vorhaben, oder die Gesellschaft vermittelt dir das Gefühl, dass finanzieller Erfolg nur wenigen vorbehalten ist. Vielleicht stehst du vor konkreten Hindernissen wie Schulden oder begrenzten Ressourcen. Doch du solltest wissen, dass diese überwindbar sind. Die Lösung liegt oft näher, als du denkst.

Hier sind einige Vorschläge, wie du mit Ängsten umgehen kannst, die bei der Festlegung deiner finanziellen Ziele auftreten könnten. Bildung und Wissen vertreiben Ängste, genauso wie das Teilen von Zielen mit Gleichgesinnten. Die schrittweise Planung hilft ebenso wie finanzielle Unterstützung. Einen anderen Umgang mit Ängsten sowie das Betrachten von Fehlern als Lernerfahrung kannst du lernen.

Es ist wichtig, Ängste und Hindernisse anzuerkennen und ihnen aktiv entgegenzutreten, statt dich von ihnen aufhalten zu lassen. Indem du dich ihnen stellst, kannst du dein volles Potenzial entfalten und deinen Weg zur finanziellen Unabhängigkeit erfolgreich gestalten.

Auf dem Weg zum Ziel

Bevor du dein Vermögensziel festlegst, ergründe deine Werte. Sie dienen dir als Kompass. Daraus leitest du deine kurz-, mittel- und langfristigen Ziele ab. Wie viel Geld benötigst du, um diese zu erreichen?

Gesundheit steht an erster Stelle? Definiere Ziele, die sie unterstützen.

Strebst du finanzielle Freiheit an? Kalkuliere den Betrag, der sie dir ermöglicht.

Sicherheit ist dir wichtig? Bestimme eine Reserve für unerwartete Ausgaben.

Karriereorientiert? Berechne, was für eine Fortbildung oder Geschäftsgründung notwendig ist.

Familie im Fokus? Setze Ziele für gemeinsame Zeit oder finanzielle Unterstützung.

Wohltätigkeit ist essenziell? Bestimme das Budget für Spenden oder für die Gründung einer Stiftung.

Die Klarheit über deine Werte bestimmt nicht nur deine finanzielle Zukunft, sondern hilft dir auch, die Investitionsbeträge festzulegen.

Stell dir vor, wie du leben möchtest

Hast du Schwierigkeiten, dich festzulegen? Möchtest du reisen, ein Unternehmen oder eine Familie gründen, ein neues Hobby beginnen? Versuche die Methode der Visualisierung. Sie ist kraftvoll, um Ziele zu konkretisieren und deine Motivation aufrechtzuerhalten. Durch klare Vorstellungen deines zukünftigen

Lebens bist du bereit, konkrete Schritte in Richtung dieser Ziele zu unternehmen.

Lege deine kurz- bis mittelfristigen Ziele fest

Sobald du ein klares Bild davon hast, wie dein ideales Leben aussieht, setze dir finanzielle Ziele, um dieses zu erreichen.

Deine Ziele können in kurz-, mittel- oder langfristige Ziele unterteilt werden. Kurzfristige Ziele sind solche, die innerhalb der nächsten 1-3 Jahre erreicht werden sollen, wie beispielsweise der Kauf eines neuen Autos oder E-Bikes oder die Renovierung deines Hauses oder deiner Wohnung.

Für deine mittelfristigen Ziele hast du 3 bis 5 Jahre Zeit, zum Beispiel für den Aufbau eines Notgroschens oder für ein Zusatz-Einkommen, um ein Sabbatjahr (Sabbatical) zu finanzieren.

Was sind deine kurz- und mittelfristigen Ziele?[38]

Formuliere dein Vermögensziel

Welches Ziel möchtest du langfristig erreichen? Eine Immobilie kaufen, die Ausbildung deiner Kinder finanzieren oder ein Zusatz-Einkommen für deinen Ruhestand aufbauen?

Formuliere dein langfristiges Vermögensziel so konkret wie möglich. Beispielsweise „Ich möchte eine halbe Million Euro ansparen, um mit 67 Jahren beruhigt in den Ruhestand gehen zu können." Oder „Zu

---

[38] Groß, Sina: „Geldanlage für Faule", Berlin 2021, S. 21 ff.

Beginn meines Ruhestands möchte ich ein Endkapital von 240.000 Euro erreicht haben, um monatlich ein zusätzliches Einkommen von 1.000 Euro zu haben, ohne finanzielle Engpässe befürchten zu müssen.“

Falls du ein Vermögensziel für ein 2. Einkommen im Ruhestand festlegen möchtest, kannst du wie folgt vorgehen. Für eine Zweitrente von 1.000 Euro pro Monat benötigst du 12.000 Euro pro Jahr. Über eine Ruhestandsdauer von 20 Jahren hinweg entspricht das einem Vermögensziel von 240.000 Euro.

Sei offen für Anpassungen

Berücksichtige den Zeitrahmen und die Realisierbarkeit deines Vermögensziels, um sicherzustellen, dass es realistisch und erreichbar ist. Vermeide Überforderung und Demotivation. Deine finanzielle Situation und Ziele können sich im Laufe der Zeit ändern. Deine Rentenlücke kann größer oder kleiner werden. Daher ist es wichtig, deine Fortschritte regelmäßig zu überprüfen und gegebenenfalls Ziel-Anpassungen vorzunehmen. Sei flexibel und bleibe fokussiert.

Anleitung „Vermögensziel“

Zusammenfassend ist es wichtig, sich herausfordernde und doch realistische Ziele zu setzen. Finanzielle Planung ist ein Prozess, der im Laufe der Zeit angepasst und optimiert werden kann. Mit der folgenden Anleitung kannst du nun dein Vermögensziel festlegen.

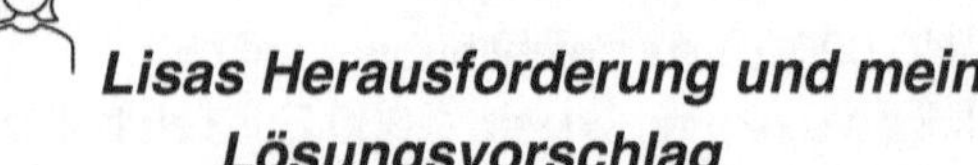

Lisas Herausforderung und mein Lösungsvorschlag

Lisas Herausforderung bestand darin, ein konkretes Vermögensziel zu definieren. Als junge Frau auf der Suche nach einem Lebenspartner, mit dem Wunsch nach einer eigenen Familie und dem Traum von einer Immobilie, fand sie es schwierig, sich auf ein Hauptziel zu fokussieren. Auch die Vorsorge für den Ruhestand war ein wichtiger Aspekt, den sie in ihre Überlegungen einbeziehen wollte. Die Vielfalt an Lebensvorstellungen machte es komplex, eine klare finanzielle Zielsetzung zu finden.

Meine Unterstützung bestand darin, Lisa zu helfen, ihre Visionen genauer zu durchdenken:

Lisa sollte sich ein klares Bild davon machen, wie sie sich ihre zukünftige Familie vorstellt und welche Art von Eigenheim sie anstrebt. Dabei geht es um mehr als nur die Größe des Hauses oder der Wohnung – auch die Lage und die spezifischen Bedürfnisse spielen eine Rolle.

Die frühzeitige Planung für den Ruhestand ist lobenswert. Lisa sollte sich verschiedene Möglichkeiten der Vorsorge anschauen und überlegen, welchen Beitrag die Geldanlage hierzu leisten kann.

Da Flexibilität für Lisa wichtig ist, um auf Veränderungen angemessen reagieren zu können, sollte sie darauf achten, dass ihre finanziellen Entscheidungen nicht zu stark an schwer zugängliche Investitionen gebunden sind.

Lisa folgte diesem Rat, konkretisierte ihre Ziele und startete mit einem Vermögensziel von 500.000 Euro.

ANLEITUNG ZUR BESTIMMUNG DEINES VERMÖGENSZIELS:

1. Erstelle deine Werteliste.
2. Visualisiere dein Traumleben.
   a. Finde einen ruhigen Ort, an dem du dich entspannen und konzentrieren kannst.
   b. Schließe die Augen und stelle dir dein Leben in der Zukunft vor. Wie sieht es aus? Was tust du? Mit wem bist du zusammen? Visualisiere alle Details so lebhaft wie möglich.
   c. Konzentriere dich auf deine Ziele: Während du dir deine Zukunft vorstellst, konzentriere dich auf deine Ziele. Was möchtest du erreichen? Wie viel Geld möchtest du haben? Wie möchtest du es ausgeben?
   d. Verwende alle Sinne: Stelle dir vor, wie es sich anfühlt, deine Ziele erreicht zu haben. Verwende alle Sinne, um die Erfahrung so realistisch wie möglich zu machen. Wie riecht es? Wie fühlt es sich an? Was hörst du?
   e. Erstelle eine visuelle Darstellung, zum Beispiel ein Vision Board oder eine Grafik, die deine Ziele repräsentiert, indem du mithilfe von Bildern aus Zeitschriften

eine Collage erstellst. Diese hilft dir später dabei, dich jeden Tag an dein Ziel zu erinnern und deine Motivation aufrechtzuerhalten.

3. Setze dir kurz- und mittelfristige Ziele.
4. Formuliere dein Vermögensziel.
5. Prüfe Zeitrahmen und Realisierbarkeit.
6. Überprüfe und justiere regelmäßig.

2. Finde die Balance: Wie du deine optimale Anlagedauer bestimmst

Nachdem du dein Vermögensziel klar definiert hast, gilt es, den Zeitrahmen für deine Geldanlage zu ermitteln. Eine längere Anlagedauer bietet ein höheres Renditepotenzial und sollte mindestens 10 Jahre betragen, um Verluste zu vermeiden.

Zinseszinseffekt

Die Anlagedauer ist der heimliche Superheld deiner Geldanlage. Jeder investierte Euro hat das Potenzial, exponentiell zu wachsen. Je länger dein Geld investiert bleibt, desto stärker wirkt der Zinseszinseffekt, den du bereits im Grundlagenteil kennengelernt hast.

Vorteile längerer Zeiträume

Generell sind längere Anlagezeiträume vorteilhaft für höhere Renditen. Wenn größere Ausgaben anstehen, spricht das nicht unbedingt für eine kürzere Anlagedauer. Du kannst diese bereits bei der Berechnung deines Startbetrages berücksichtigen. Ein Grund, eine kürzere Anlagedauer ins Auge zu fassen, ist dein Umgang mit Risiken. Eine kürzere Anlagedauer bedingt jedoch erhöhte Kursschwankungen und ein geringeres Potenzial für Kapitalzuwächse.

Einstiegszeitpunkt

Den perfekten Einstiegszeitpunkt zu finden, ist schwierig, da die Kursentwicklung an den Finanzmärkten von vielen Faktoren abhängt. Für deinen Erfolg ist es wichtiger, eine langfristige Perspektive zu haben und das Risiko breit zu streuen, anstatt auf den idealen Markteintritt zu warten.

Anleitung „Anlagedauer"

Lege nun die für dich optimale Anlagedauer fest, einschließlich deines Start- und Endpunktes.

Die Anlagedauer ist einer der drei Faktoren, die darüber entscheiden, wie viel Vermögen du aufbauen kannst, und du hast die volle Kontrolle darüber.

Lisas Fragen zur Anlagedauer

Auch Lisa geriet ins Grübeln, als es um Schritt 2 ging. Wann sollte sie in den Markt einsteigen und wie lange sollte sie insgesamt für ihre Geldanlage planen? Welche Auswirkungen würden ihre Entscheidungen auf ihr Leben haben? Ihr war klar, dass sie ihr Geld langfristig anlegen musste, um ihr Vermögensziel zu erreichen. Doch sollte sie bis zum Rentenalter oder bis zu dem Zeitpunkt des Immobilienerwerbs planen? Da dieser Zeitpunkt noch nicht feststand, entschied sich Lisa, flexibel zu bleiben. Sie beschloss bis zum Rentenalter zu planen, aber gleichzeitig, ihr Geld so anzulegen, dass sie jederzeit darauf zugreifen konnte.

Ihre optimale Anlagedauer von 40 Jahren ergab sich letztendlich aus der Beantwortung der 5 Fragen.

ANLEITUNG ZUR BESTIMMUNG DEINER IDEALEN ANLAGEDAUER:

1. Beantworte die nachfolgenden Fragen.

    a. Wann willst du mit der Umsetzung deines Anlageplans starten?
    b. Ab welchem Jahr hast du Anspruch auf die gesetzliche Rente?
    c. Wie viele Jahre liegen zwischen deinem Startpunkt und dem voraussichtlichen Beginn der gesetzlichen Rentenzahlungen?
    d. Willst du den gesamten Zeitraum für deine Geldanlage nutzen oder verfolgst du Zwischenziele, für die du Teile des angelegten Betrags benötigst?
    e. In wie vielen Jahren möchtest du dein Vermögen aufgebaut haben und Teile davon für ein Zwischenziel, z. B. Anzahlung für eine Immobile nutzen?

2. Notiere dir die Antworten.

3. Entscheide dich für deinen Zeitraum, einschließlich Start- und Endpunkt.

3. Lege den Grundstein: Anleitung zur Berechnung deines sicheren Startbetrages

Der Einstiegsbetrag in deine Geldanlage, das sogenannte Anfangskapital, ist der Grundpfeiler deines Anlageplans. Er ermöglicht langfristiges Investieren ohne kurzfristige Verkäufe oder Verluste. Hier ist eine Anleitung zu Berechnung deines sicheren Startbetrags für finanzielle Sicherheit.

Erfasse dein Gesamtvermögen

Schnapp dir eine Tasse Kaffee und fang an zu zählen – alles, was du hast. Addiere alle Vermögenswerte, einschließlich Bargeld, Sparkonten, Wertpapiere, Immobilien und andere Vermögenswerte wie Autos oder Schmuck, um den aktuellen Wert deines Gesamtvermögens zu ermitteln.

Aber halt, vergiss nicht die dunkle Seite. Berücksichtige Verbindlichkeiten und Schulden, um ein genaues Bild deines Netto-Gesamtvermögens zu erhalten. Dazu gehören Hypotheken-, Auto- und Studienkredite oder auch Kreditkartenschulden.

Reduziere dein Gesamtvermögen um die Summe deiner Verbindlichkeiten. Et voilà: Da ist dein Netto-Gesamtvermögen.

Bilde Reserven

Jetzt wird es spannend: Ziehe Beträge von deinem Netto-Gesamtvermögen ab, um deinen sicheren Startbetrag zu bestimmen. Empfehlenswert ist es, Gelder für laufende Ausgaben, für Unvorhergesehenes sowie für bereits geplante Anschaffungen zu berücksichtigen.

- Betrag für laufende Ausgabenabsicherung: 2-3 Monatsausgaben, um einen teuren Dispokredit zu vermeiden.
- Reserve für Unvorhergesehenes: 3-6 Monatsgehälter für unerwartete Ausgaben.
- Budget für geplante größere Anschaffungen oder Projekte in den nächsten 3-5 Jahren.

Der Betrag zur Absicherung deiner laufenden Ausgaben hilft dir dabei, ein Abrutschen in den sehr teuren Dispokredit zu vermeiden. Die Reserve für Unvorhergesehenes kann bei unerwarteten Ausgaben, wie der Reparatur deiner Waschmaschine, hilfreich sein. Wenn du Pläne für größere Anschaffungen oder Projekte hast, lege dafür ein separates Budget fest.

Ermittele deinen sicheren Startbetrag

Reduziere dein Netto-Gesamtvermögen um die Beträge für die laufende Ausgabensicherung, die Reserve für Unvorhergesehenes und geplante Budgets. Übrig bleibt der Betrag, den du mit großer Sicherheit über mehrere Jahrzehnte nicht benötigen wirst und somit sicher investieren kannst.

Überprüfe regelmäßig

Stell dir vor, du bist dein eigener Finanzguru und checkst regelmäßig dein Gesamtvermögen. Änderungen, sei es durch Erbschaften, Sonderzahlungen und eine magische Geldquelle fließen in die Berechnung mit ein.

Wie viel ist genug?

Neuling in der Geldanlage? Keine Sorge, jeder startet irgendwo. Der Schlüssel liegt darin, frühzeitig zu beginnen und konsequent zu sparen und zu investieren, um im Laufe der Zeit ein solides Vermögen aufzubauen.

Und, hey, bist du schon etwas älter und hast ein prall gefülltes Konto? Mit der richtigen Investition könntest du in 10 Jahren dein Startkapital verdoppeln – auch wenn du die 40 schon hinter dir gelassen hast! Mit einer überschaubaren monatlichen Investition kannst du in 20 Jahren deine Rente mit einem beachtlichen Betrag versüßen.[39]

Anleitung „sicherer Startbetrag"

Ermittle jetzt deinen sicheren Startbetrag. Damit hast du die dritte Dimension deines persönlichen

---

[39] Gojdka, Victor, „Das 100.000 Euro Buch", Berlin 2021, S. 4, 5.

Startpunktes festgelegt und bist einen Schritt weiter auf dem Weg zu deinem Vermögensziel.

Lisas Überlegungen zum Startbetrag

Lisa hatte anfangs Schwierigkeiten bei der Ermittlung ihres sicheren Startbetrags, da sie nicht genau wusste, wie viel Geld sie über die Anlagedauer sicher investieren konnte. Sie analysierte ihre finanzielle Situation genau und machte eine Bestandsaufnahme ihrer Vermögenswerte. Lisa verfügte über ein Geldvermögen von 15.000 Euro, das auf ihrem Girokonto lag. Da sie ihre BAföG-Schulden bereits im letzten Jahr beglichen und keine anderen Verbindlichkeiten hatte, entsprach ihr Nettovermögen ihrem Gesamtvermögen. Somit konnte sich Lisa auf die Berechnung ihres sicheren Startbetrags konzentrieren. Gemäß der Anleitung, die ich ihr gab, plante sie eine Reserve von 2.000 Euro, um ihre laufenden Ausgaben abzusichern, sowie weitere 3.000 Euro für unvorhergesehene Ausgaben. Ein größeres Projekt hatte sie in den nächsten 3-5 Jahren nicht geplant und benötigte somit auch kein Budget dafür. Nach dieser Rechnung standen ihr 10.000 Euro als sicherer Startbetrag für ihre Geldanlage zur Verfügung. Damit hatte Lisa den Grundstein für ihren finanziellen Erfolg gelegt und konnte nun mit Zuversicht zum nächsten Schritt ihrer Anlageplan-Erstellung übergehen.

ANLEITUNG ZUR ERMITTLUNG DEINES SICHEREN STARTBETRAGES

1. Verschaffe dir einen Gesamtüberblick über dein Vermögen, indem du folgende 6 Fragen beantwortest:

    a. Über wie viel Bargeld verfügst du?
    b. Besitzt du ein Tagesgeldkonto? Wie ist der Saldo?
    c. Besitzt du Aktien oder Fonds? Wie ist der aktuelle Wert?
    d. Besitzt du eine Immobilie? Wie viel ist diese zur Zeit wert?
    e. Besitzt du Gold oder andere Rohstoffe? Wie ist der aktuelle Wert?
    f. Wie hoch ist der Wert deiner sonstigen Vermögensgegenstände, wie z. B. Auto oder Schmuck?

2. Liste alle Schulden und Verbindlichkeiten auf und addiere diese, um einen Überblick über deine Verbindlichkeiten zu schaffen.

3. Ziehe nun die Gesamtsumme der Schulden von der Gesamtsumme deiner Vermögenswerte ab.

4. Berechne eine Reserve zur Absicherung der laufenden Ausgaben. Hier gelten zwei Monatsausgaben als Richtgröße.

5. Berechne eine Reserve für Unvorhergesehenes. Hier kannst du drei Monatsgehälter ansetzen.
6. Hast du ein größeres Vorhaben in den nächsten drei bis fünf Jahren geplant? Bestimme ein Budget dafür, indem du dein Projekt genau definierst und die Kosten dafür planst.
7. Ziehe vom Nettovermögen die Reserven und dein Projektbudget ab.
8. Passt alles, ist dieser Saldo der Betrag, den du einmalig sicher investieren kannst.
9. Notiere dir diesen Betrag.

4. Gewohnheit Investieren: Festlegung deines monatlichen Spar- und Investitionsbetrages

Wer finanzielle Freiheit anstrebt, weiß, dass der Schlüssel zur Unabhängigkeit nicht nur im Startkapital liegt, sondern auch im kontinuierlichen Investieren. Selbst wenn du noch nicht über ein Anfangskapital verfügst, kannst du mit einem regelmäßigen Spar- und Investitionsbetrag in die Welt der Geldanlage eintauchen. Damit machst du das Investieren zu einer festen Gewohnheit und legst jeden Monat einen Betrag für deine finanzielle Zukunft beiseite. Hier wird nicht nur auf einem Konto gesammelt, sondern klug in ETFs investiert, um Renditen zu erzielen.

Deinen Spar- und Investitionsbetrag berechnest du auf Basis deiner Einnahmen, deiner Ausgaben und deiner Ziele.

So gehst du vor

Klarer Kopf, klare Zahlen. Beginne mit deinen Einnahmen aus deiner Arbeit und anderen Quellen. Anschließend checke deine Fixkosten wie Miete, Kredite, Versicherungen und festgesetzte Ausgaben. Dann kommen die variablen Ausgaben wie Lebensmittel, Kleidung und Vergnügen. Es mag knifflig sein, alles im Blick zu haben, aber diese Übung lohnt sich, um deine finanzielle Lage zu verstehen.

Dein perfekter Sparbetrag

Ein guter Richtwert? Etwa 10 % deines monatlichen Nettoeinkommens. Für größere Ziele wie Immobilienkauf oder Notfallfonds könntest du mehr zurücklegen müssen. Der optimale Sparbetrag hängt von deinen individuellen finanziellen Zielen ab. Während manche mit 10 % zufrieden sind, streben andere größere Ziele an. Es ist entscheidend, den Sparbetrag an die persönlichen Bedürfnisse anzupassen.

Finde deinen Boost

Wie kannst du mehr sparen? Indem du unnötige Ausgaben reduzierst oder weglässt. Aber denke daran, auf keinen Fall Abstriche bei deinem Versicherungsschutz zu machen.[40]

Oder schau, ob du deine Einnahmen steigern kannst – sei es durch eine Gehaltserhöhung oder zusätzliche Einkommensquellen, wie zum Beispiel einem Nebenjob.

Wichtig ist, dass du den ermittelten Betrag langfristig für deine Geldanlage nutzen kannst, ohne deine Gegenwart zu sehr einzuschränken. Dann stellt dein Spar- und Investitionsbetrag einen wichtigen Faktor dar, den du über einen längeren Zeitraum kontrollieren kannst und der einen Einfluss auf dein erreichbares Vermögen hat.

---

[40] Pioch, Sebastian, „Quick Guide: Wissensbasiert entscheiden: Wie Sie strukturierte Entscheidungen treffen können", Wiesbaden 2021, S.68.

Anleitung „Spar- und Investitionsbetrag“

Mit der Ermittlung des sicheren Spar- und Investitionsbetrages hast du dann alle drei Faktoren, die Einfluss auf dein erreichbares Vermögen haben und die du kontrollierst, bestimmt. Um den Betrag zu errechnen, den du monatlich sparen und investieren kannst, folge nun der nachfolgenden Anleitung.

Wie Lisa ihren Betrag bestimmt hat

Es kostete Lisa einige Überwindung, ihre Einnahmen und insbesondere die monatlichen Ausgaben genauer zu betrachten. Obwohl sie wusste, dass sie mit ihrem Geld zurechtkam, hatte sie eine detaillierte Aufstellung bislang vermieden. Nach mehreren Anläufen hatte sie jedoch eine genaue und ehrliche Auflistung ihrer Einnahmen und Ausgaben erstellt, die überraschend hohe Ausgaben für Schuhe, Essen und Wellness offenbarte. Aus dieser Analyse ergab sich ein Betrag von 300 Euro, den sie regelmäßig investieren konnte, um ihr Vermögensziel zu erreichen. Lisa entschied sich, den gesamten Überschuss einzusetzen.

Somit betrugt Lisas monatlicher Spar- und Investitionsbetrag 300 Euro.

RESSOURCEN ZUR BERECHNUNG DEINES SPAR- UND INVESTITIONSBETRAGES

Einnahmen-Kategorien:

- Nettogehalt
- Einnahmen aus selbständiger Tätigkeit
- Einnahmen aus Vermietung
- Einnahmen aus Kapitalgeschäften
- Beihilfen
- Kindergeld
- Stipendien
- Rente, Witwenrente und/oder Waisenrente
- Sonstige Einnahmen

Ausgaben-Kategorien:

- Wohnen: Miete und Nebenkosten
- Kommunikation: Internet, Festnetz, Handy
- Unterhaltung: Fernseh- und Rundfunkgebühren
- Abonnement Gebühren, Netflix, Apps, Zeitungen etc.
- Sport: Mitgliedschaften, Ausrüstung, Personal Training
- Transport: Auto, öffentlicher Verkehr, Mietroller, -fahrrad
- Kleidung und Pflege: Friseur, Kosmetik, Schönheit
- Versicherungen, z.B. Haftpflichtversicherung
- Lebensmittel, z.B. Einkaufen Supermarkt, Restaurantbesuche
- Verpflichtungen: z.B. Unterhaltszahlung, Abzahlung Kredite
- Urlaub
- Sonstige Ausgaben

ANLEITUNG ZUR BERECHNUNG DEINES SPAR- UND INVESTITIONSBETRAGES

1. Nimm dir jedes deiner Girokonten vor. Falls du nur ein Girokonto hast, umso besser.
2. Betrachte nur die Buchungen eines „normalen“ Monats. Zahlungen, die jährlich oder quartalsweise anfallen, berücksichtigen wir später.
3. Nimm dir ein paar leere weiße DIN-A4-Blätter zur Hand – nein, keine App.
4. Notiere dir eine Kategorie pro Blatt. Die Kategorien findest du im Anhang dieses Buches.
5. Schreibe alle Buchungen dieser Kategorie auf das Blatt.
6. Bilde die Summen pro Kategorie und Blatt, um so die Gesamtausgaben und -einnahmen pro Kategorie zu ermitteln.
7. Du bist fertig, wenn du alle Buchungen des Monats verteilt hast.
8. Verteile wirklich alle Buchungen des Monats auf die Kategorien.
9. Sollten Kategorien nicht gefüllt werden können, ist das kein Problem.

10. Zum Abschluss ergänze Ausgaben, die jährlich oder quartalsweise anfallen, indem du sie anteilig zuschlägst. D.h. du ergänzt ein Zwölftel der jährlichen Ausgaben und ein Viertel der Quartalsausgaben.
11. Schätze nun noch fehlende Bareinnahmen und -ausgaben.
12. Bilde nun den Saldo von Einnahmen und Ausgaben.
13. Falls der Saldo positiv ist, überlege dir wie viel Prozent davon, du monatlich für deine Geldanlage einsetzen möchtest. Sollte der Saldo negativ sein, ergreife Maßnahmen, um in den positiven Bereich zu kommen.
14. Notiere dir jetzt deinen sicheren Spar- und Investitionsbetrag.

5. Maßgeschneiderte Investitionen: So bestimmst du deine optimale Portfoliostruktur

Mit deinem Wissen und deinem Engagement hast du bereits eine solide Grundlage für deine finanzielle Zukunft geschaffen. Jetzt steht ein entscheidender Schritt an: die Entwicklung deines Portfolios. Die Portfoliostruktur verbindet deine Planung mit deiner Persönlichkeit. Bist du bereit, deinen Anlageplan auf die nächste Ebene zu heben? Tauchen wir gemeinsam ein und entdecken, wie du deine optimale Portfoliostruktur bestimmst.

Deine Entscheidungen: Persönlichkeit plus Glaubenssätze

Deine Portfoliostruktur ist eine Schlüsselkomponente, um Risiken zu minimieren und langfristig Renditen zu maximieren. Dabei besteht dein Portfolio aus Tagesgeld als sicherem Hafen und Aktien-ETFs, die Wachstumschancen bieten. Die Verteilung zwischen Sparen und Investieren hängt von deinen individuellen Zielen ab. Ein höherer Anteil an ETFs und die Wahl spezialisierterer ETFs können das Risikoprofil erhöhen. Hier erkläre ich, wie deine Persönlichkeit und deine Überzeugungen deine finanziellen Entscheidungen beeinflussen und wie du diese Aspekte berücksichtigst, um eine maßgeschneiderte Portfoliostruktur zu schaffen.

Die Rolle deiner Persönlichkeit

Deine Persönlichkeit spielt eine bedeutende Rolle für den Erfolg deines Investments. Du magst dich fragen, wie persönliche Eigenschaften und Überzeugungen mit der Geldanlage zusammenhängen. Tatsächlich können sie einen erheblichen Einfluss auf alle Anlageentscheidungen haben. Lass uns genauer betrachten, wie das funktioniert.

Deine Bereitschaft, Risiken einzugehen

Die Bereitschaft, Risiken einzugehen, ist ein wichtiger Faktor. Menschen haben unterschiedliche Schwellenwerte, wenn es um Risiken geht. Einige sind bereit, größere Risiken in Kauf zu nehmen, um potenziell höhere Belohnungen zu erzielen, während andere sicherheitsorientierter sind und sich lieber für weniger riskante Anlagen entscheiden. Überlege, zu welcher Gruppe du gehörst. Ist „Wer nicht wagt, der nicht gewinnt" dein Motto? Entscheidest du gerne über deine Finanzen oder empfindest du es, als unangenehm beziehungsweise lästig, finanzielle Entscheidungen treffen zu müssen? Vielleicht gilt für dich „In der Ruhe liegt die Kraft" im Hinblick auf finanzielle Angelegenheiten?[41]

[41] Schremb, Christine: „Geldanlage 40+: Wie Sie sicher und intelligent investieren, Hamburg 2021", S. 24.

Dein Bedürfnis nach Sicherheit

Manche Menschen bevorzugen finanzielle Entscheidungen, die ihnen ein hohes Maß an Kontrolle und Sicherheit bieten. Andere sind offener für Unsicherheiten und Schwankungen des Kapitalmarktes, der die Bereitschaft, Risiken einzugehen, mit Renditechancen belohnt.

Stell dir vor, du bist mit einem Kapital von 10.000 Euro gestartet und hast den gesamten Betrag in einen Weltaktienmarkt investiert. Aufgrund von Corona stürzen die Aktienkurse innerhalb weniger Tage ab und dein Investment ist völlig überraschend nur noch 6.000 Euro wert. Allgemein herrschen Verunsicherung und Endzeitstimmung. Kannst du in dieser Situation ruhig bleiben und auf deine Entscheidung beim Kauf vertrauen oder verlierst du die Nerven, verkaufst die Wertpapiere und realisierst somit einen bedeutenden Verlust?

Würdest du dich wohler fühlen, wenn du nur 5.000 Euro investiert und 5.000 Euro auf dem Tagesgeld-Konto gespart hättest? Dann würde dein Buchverlust nur 2.000 Euro betragen und dein Portfolio wäre nach dem Crash noch 8.000 Euro wert.

Das Beispiel zeigt, dass du eine Portfoliostruktur entwickeln kannst, die zu deiner Persönlichkeit passt, wenn du deine Risikobereitschaft und dein Bedürfnis nach Kontrolle und Sicherheit kennst.

Der Einfluss von Glaubenssätzen und Erfahrungen

Neben deinen persönlichen Eigenschaften haben deine Glaubenssätze einen tiefgreifenden Einfluss auf deine finanziellen Entscheidungen, denn sie können dir etwas vortäuschen, was nicht der Realität entspricht. Lass uns einen Blick darauf werfen, wie Glaubenssätze dein Verhalten beeinflussen können.

Glaubenssätze sind tief verwurzelte Überzeugungen über Geld und Investitionen, die oft von Erziehung, Kultur oder vergangenen Erfahrungen geprägt wurden. Sie können starken Einfluss auf unser Verhalten haben.

Ein Glaubenssatz, der Investitionen als riskant ansieht, löst andere Emotionen aus als einer, der Investitionen als Schlüssel zum Wohlstand versteht. Der erste Glaubenssatz hemmt dich und der zweite unterstützt dich in deinem Vorhaben, langfristig Geld anzulegen. Der Einfluss beider Glaubenssätze ist klar erkennbar. Welche Überzeugungen hast du in Bezug auf Geld und Anlagen?

Frühere Erfahrungen mit Geldanlagen, ob positiv oder negativ, spielen ebenfalls eine wichtige Rolle. Wenn du in der Vergangenheit gute Renditen mit Aktieninvestments erzielt hast, könntest du eher dazu neigen, wieder in Aktien zu investieren. Umgekehrt könnten negative Erfahrungen dazu führen, dass du risikoscheuer wirst und sicherheitsorientierte Anlagen bevorzugst. Welche Erfahrungen hast du in Bezug auf Geldanlage gemacht?

Wie du bemerkt hast, können Persönlichkeitseigenschaften, Glaubenssätze und Erfahrungen dazu führen, dass anstehende finanzielle Entscheidungen eher von Emotionen und Vorurteilen beeinflusst werden, anstatt von rationalen Überlegungen.

Deshalb ist es wichtig, zunächst falsche Überzeugungen aufzulösen, um sicherzustellen, dass deine finanziellen Entscheidungen auf soliden Grundlagen basieren. Anschließend ist es wichtig, eine Portfoliostruktur zu finden, die sowohl deiner Persönlichkeit als auch deinen wahren Überzeugungen und Erfahrungen gerecht wird.

Persönlichkeitstypen und Musterportfolios

Die Erkenntnisse über deine Persönlichkeit, Glaubenssätze und Erfahrungen helfen dir dabei, die Portfoliostruktur zu wählen, die am besten geeignet ist, dich bei der Erreichung deines Vermögensziels zu unterstützen. Du kannst ein besseres Verständnis dafür entwickeln, welche Aspekte dir bei deinem Portfolio wichtig sind und welche Struktur für dich am besten passt.

Im Rahmen dieses Abschnitts stelle ich dir verschiedene Anlegertypen und passende Portfoliostrukturen vor. Diese reichen von sicherheitsorientiert bis zu risikofreudig. Wir betrachten auch die „100 minus Alter"-Regel als Orientierungshilfe und unterstreichen dabei die Sicherheit und Vielseitigkeit von ETFs im Vergleich zu Einzelaktien.

Für den risikoscheuen Anleger empfiehlt sich eine Portfoliostruktur, die den Schwerpunkt auf Sicherheit, in unserem Fall auf Tagesgeld, legt. Ausgeglichene Anleger können ein Portfolio wählen, das zu gleichen Teilen aus Tagesgeld und ETFs besteht. Schätzt du dich als eher risikofreudig ein, kannst du den Schwerpunkt auf ETFs legen und dein Portfolio um einen Sicherheitsanteil ergänzen.

Davon ausgehend bietet sich für den risikoscheuen Anleger ein konservatives Portfolio, bestehend aus 75 % Tagesgeld und 25 % Rendite an. Für den ausgeglichenen Investor empfiehlt sich ein Portfolio mit 50 % Tagesgeld und 50 % ETFs. Und für den risikofreudigen ein offensives, das zu 75 % aus ETFs und zu 25 % aus Tagesgeld besteht.

Falls du noch unsicher bist, was die Höhe des Renditeanteils betrifft, kann dir folgende gängige Methode helfen. Die „100 minus Alter"-Regel. Hierbei wird dein Alter von 100 abgezogen und das Ergebnis ergibt den Prozentsatz, der in Aktien und andere risikoreichere Anlageklassen investiert werden sollte. Der Rest kann dann in Tagesgeld angelegt werden. Allerdings ist es wichtig zu beachten, dass diese Regel nur als Orientierungshilfe dient und ETFs grundsätzlich sicherer sind als Einzelaktien, womit sich Anleger mit ETFs einen höheren Renditeanteil zutrauen können, als wenn sie in Einzelaktien investieren würden.

Hast du dich für eine Portfoliostruktur entschieden, geht es nun darum festzulegen, mit wie vielen ETFs du investieren möchtest.

Dein Weg: Pragmatisch oder individuell?

Grundsätzlich reicht ein Basis-ETF aus, denn schon mit einem Welt-ETF kannst du das Risiko über mehrere tausend Unternehmen, viele Länder, Branchen und Unternehmen streuen. Ein Portfolio, dessen Renditeanteil aus nur einem Basis-ETF besteht, ist einfach zu verwalten und es spricht nichts dagegen, es sich leicht zu machen.[42]

Es kann jedoch sein, dass du beim Weiterlesen Spaß daran findest, dich mit dem Thema ETF tiefer zu beschäftigen. Sicherlich entwickelst du Ideen, in was du investieren könntest, Vorstellungen von zukünftigen Trends, in die eine Investition eine überdurchschnittliche Rendite erbringen könnte. Vielleicht witterst du die große Chance und willst in schnell wachsende Märkte investieren. In diesem Fall reicht der „Ein-ETF-Renditeanteil“ nicht aus, um deine Ideen und somit deine Individualität auszuleben. Du willst mehr. Und damit du vor lauter Begeisterung nicht in dein Unglück rennst und die positiven Effekte des Basis-ETFs durch die weitere ETF-Auswahl zunichte machst, gebe ich dir auch für einen Renditeanteil, der aus mehr als nur einem ETF bestehen soll, eine erprobte Vorgehensweise an die Hand.

Um die Zusammensetzung des Renditeanteils deines Portfolios zu bestimmen, beantworte dir zunächst die folgende Frage:

---

[42] Wallstabe-Watermann, Brigitte u.a.: „Die Finanztest Strategie: Bequem Geld mit ETF anlegen mit unserem Pantoffel Portfolio“, Berlin 2020, S. 11 ff.

Was ist dir wichtiger: pragmatisch zu handeln oder persönliche Interessen umzusetzen? Pragmatisch bedeutet, dass du dein Portfolio und somit deinen Aufwand so gering wie möglich hälst. Entscheidest du dich für Individualität kannst du dein Portfolio mit ergänzenden ETFs kleinteiliger, aber auch aufwendiger und risikoreicher gestalten. Achte jedoch darauf, dass es nicht zu kleinteilig wird.

Anleitung „Portfolio“

Folge jetzt der Anleitung und entscheide dich für die passende Zusammensetzung deines Portfolios. Damit hast du die fünfte Dimension deines individuellen Startpunktes bestimmt.

Die Suche nach Sicherheit: Lisas Weg zu ihrem Portfolio

Als es um die Bestimmung der optimalen Portfoliostruktur ging, war Lisa zunächst verunsichert. Wieviel Risiko würde sie tatsächlich verkraften? Sie hatte schließlich keine Erfahrung mit der Geldanlage. Also schaute sie sich ihre Persönlichkeitsstruktur und ihre Überzeugungen in Bezug auf Finanzen einmal genauer an. Sie war definitiv nicht der Risiko-Typ. Allein der Gedanke an riskante Investitionen setzte sie gewaltig unter Stress. Eine ausgewogene Portfoliostruktur hingegen schien besser geeignet. Über den ausgeglichenen Mix aus Tagesgeld und ETFs konnte sie ein gutes Risiko-Rendite-Verhältnis erreichen, in das sie investieren wollte. Zusätzlich wählte sie die individuelle Gestaltung ihres Portfolios, das aus mehreren ETFs bestehen sollte.

Mit der Festlegung der Portfoliostruktur hat Lisa nun die 5 Dimensionen ihres Startpunktes definiert und ihre Reise in der Geldanlage einen neuen Meilenstein erreicht. Bleib gespannt auf die nächsten Etappen.

DEINE OPTIONEN: MUSTERPORTFOLIOS FÜR PRAGMATISCHE UND INDIVIDUELLE ANLEGER

Pragmatisch

- Offensiv: 75 % Basis-ETF + 25 % Tagesgeld
- Ausgeglichen: 50 % Basis-ETF + 50 % Tagesgeld
- Defensiv: 25 % Basis-ETF + 75 % Tagesgeld

Individuell

- Offensiv: 60 % Basis-ETF + 15 % Spezial-ETF + 25 % Tagesgeld
- Ausgeglichen: 40 % Basis-ETF + 10 % Spezial-ETF + 50 % Tagesgeld
- Defensiv: 20 % Basis-ETF + 5 % Spezial-ETF + 75 % Tagesgeld

ANLEITUNG ZUR FESTLEGUNG DER PORTFOLIO-STRUKTUR

1. Beschäftige dich mit deiner Persönlichkeit.
2. Bestimme deinen Risikotyp.
3. Setze dich mit deinen Glaubenssätzen auseinander.
4. Analysiere deine Erfahrungen im Umgang mit Geld.
5. Bestimme deinen Anlegertypus.
6. Entscheide dich für pragmatisch oder individuell.
7. Lege jetzt die optimale Zusammensetzung deines Portfolios fest.

6. Die richtige Wahl: Anleitung zur Markt- und Indexauswahl für deinen Anlageplan

Nachdem du deine Portfoliostruktur festgelegt hast, ist es an der Zeit, den Renditeanteil mit Inhalten zu füllen. In diesem Schritt erfährst du, wie du die richtigen Märkte und Indizes für deine ETF-Investitionen auswählst.

Warum ist die Vorauswahl wichtig?

Die Auswahl der Märkte beeinflusst maßgeblich den Erfolg deiner Anlage. Du wirst in Weltmärkte investieren und möglicherweise auch Sektoren-, Themen-, Nachhaltigkeits- oder Faktorenindizes in Betracht ziehen. Beachte dabei, dass kleinere Märkte und spezialisierte Indizes höhere Renditen, aber auch höhere Risiken bieten können.

Triff fundierte Entscheidungen

Investitionen in Weltmärkte bieten eine breite Risikostreuung und sind eine sinnvolle Basis für dein Portfolio. Überlegungen zu Teilmärkten und spezifischen Indizes sollten auf klaren Motiven basieren: sei es, um das Portfolio noch stärker zu diversifizieren, an Wachstumsmärkten teilzuhaben oder nachhaltige Ziele zu verfolgen.

Wähle strategisch

Recherchiere gründlich über Unternehmen, Branchen und Länder in den ausgewählten Indizes, um sicherzustellen, dass deine Investition breit diversifiziert ist. Wäge Chancen und Risiken sorgfältig ab und beachte mögliche Übergewichtungen in bestimmten Ländern oder Branchen, die dein Risiko erhöhen könnten.[43]

Nutze aktuelle Informationen

Die monatlichen Factsheets der Index-Herausgeber können hilfreich sein, um die aktuelle Zusammensetzung der Indizes zu verstehen.

Die Welt mit oder ohne Schwellenländer?

Welt-Indizes können den Kern deines Portfolios bilden. Es gibt verschiedene Optionen von MSCI oder FTSE, je nach Risikobereitschaft und Anlagezielen. Entscheide basierend auf deinem Anlagehorizont, ob du in Schwellenländer investieren möchtest. Zusätzlich kannst du zwischen Welt-Indizes wählen, die nur die Aktien von großen Unternehmen und solchen, die auch Aktien von mittelgroßen und kleinen Unternehmen beinhalten. Einen Überblick über die Welt-Indizes findest du am Ende dieses Kapitels.

---

[43] Brauchst du Unterstützung? Als Mentoring für Geldanlage stehe ich dir persönlich zur Verfügung, um dir bei dieser Herausforderung zu helfen.

Weitere wichtige Märkte

Neben Weltindizes gibt es eine Reihe spezialisierter Märkte, wie du weißt. Es ist wichtig, die Vor- und Nachteile abzuwägen und eine Entscheidung zu treffen, die zu deinen Anlagezielen passt. Eine Übersicht findest du ebenfalls am Ende dieses Kapitels.

Zeit für Taten: Märkte und Indizes wählen

Deine Marktauswahl sollte zu deiner Anlagedauer, Risikobereitschaft und deinem Vermögensziel passen. Nutze die vorgeschlagenen Kriterienlisten und empfohlenen Schritte, um informierte Entscheidungen zu treffen und den Erfolg deiner Investitionen zu maximieren.

Wie Lisa ihr Portfolio gestaltet hat

Lisa wusste, dass Diversifikation ein wichtiger Faktor bei der langfristigen Geldanlage ist und ihr war klar, dass sie in eine Vielzahl von Unternehmen, Länder und Branchen investieren musste, um ihr Risiko zu streuen. Sie war jedoch unsicher, welche Indizes angesichts ihrer Anlagedauer und ihres Interesses an Nachhaltigkeit am besten geeignet waren.

Also erstellte sie mit meiner Hilfe eine Anforderungsliste für die Marktauswahl, die sie nach ihren Prioritäten ordnete. Für Lisa waren Risikostreuung, Nachhaltigkeit und Flexibilität am wichtigsten – in genau dieser Reihenfolge.

Da sie die Risikostreuung über Nachhaltigkeit stellte, entschied sie sich den Großteil ihres sicheren Startbetrages und ihren monatlichen Investitionsbetrag in einen herkömmlichen Welt-Index zu investieren. Ein kleinerer Anteil sollte in einen Nachhaltigkeits-Welt-Index fließen.

Außerdem stellte sie fest, dass ihr aufgrund ihrer langen Anlagedauer ein Investment in Unternehmen, die in Industrienationen ansässig sind, nicht ausreichte.

Um flexibel zu bleiben, entschied sie sich gegen einen Index, der Industrienationen und Schwellenländer umfasste. Stattdessen analysierte sie gezielt Schwellenländer-Indizes als Ergänzung, obwohl deren Rendite bisher unter der von Industrienationen lag.

Schließlich wählte Lisa einen klassischen und einen nachhaltigen Welt-Index sowie einen Schwellenländer-Index für Ihre Investitionen.

Das waren Lisas Entscheidungen für ihren Anlageplan – sei gespannt, welche ETFs Lisa aussuchen wird.

RESSOURCEN ZUR INDEXWAHL

Kriterienliste

- Länderabdeckung
- Risikostreuung
- Nachhaltigkeit
- Performance
- Herausgeber

Beschreibung der Kriterien

Länderabdeckung: Unter Länderabdeckung verstehe ich die Länder, die im Index vertreten sind.

Risikostreuung: Ein wichtiges Kriterium ist die Risikostreuung, die der Index bietet. Diese lässt sich anhand der Anzahl der Unternehmen, die im Index vertreten sind und über die Anzahl der Länder und Branchen, die diese Unternehmen repräsentieren, bestimmen. Neben der Anzahl ist auch die Gewichtung ein entscheidender Faktor. Sind alle Länder gleich stark im Index vertreten oder nimmt ein Land mehr Raum ein – und entspricht dieses Missverhältnis der Wirtschaftsleistung der jeweiligen Länder oder eher nicht? Ist der Index mit ESG oder SRI als Nachhaltigkeits-Index gekennzeichnet, ist die Risikostreuung im Vergleich zu normalen Welt-Indizes in der Regel eingeschränkt.

Nachhaltigkeit: Nachhaltigkeit-Indizes bestehen aus Unternehmen, die als nachhaltig bewertet und mit „ESG“ oder „SRI“ gekennzeichnet wurden.

Performance: Auch wenn man von der Vergangenheit nicht sicher auf die Zukunft schließen kann, ist die bisherige Index-Performance zumindest als Anhaltspunkt für Investoren interessant.

Herausgeber: Ist der Index-Herausgeber bekannt, wie zum Bespiel MSCI oder FTSE oder weniger bekannt?

Die wichtigsten Märkte[44]

- Weltaktienmarkt
- Aktien Nebenwerte Industrieländer
- Aktien Schwellenländer
- Goldpreis (Euro)
- Euro-Staatsanleihen
- Aktien Industriesektoren
- Aktien Strategien
- Aktien Industrieländer
- Aktien Schwellenländer
- Euro-Anleihen
- Wechselkurse
- Kryptowährungen

---

[44]Aulitzky, Roland, u.a.: „Spezial Anlegen mit ETF", Ausgabedatum: 11/2023, S. 46 / 47.

Die wichtigsten Weltindizes[45]

- MSCI World
- MSCI World IMI
- FTSE Developed Markets
- MSCI All Country World (ACWI)
- FTSE-All-World
- MSCI ACWI IMI

---

[45]Aulitzky, Roland, u.a.: „Spezial Anlegen mit ETF“, Ausgabedatum: 11/2023, S. 51.

ANLEITUNG ZUR MARKT- UND INDEX-AUSWAHL

1. Verschaffe dir einen Überblick über Weltmarkt-Indizes mit Hilfe dieses Buches.
2. Lege deine Kriterien für deine Weltmarkt-Wahl fest und ordne sie nach deinen Prioritäten. Nutze dafür die Kriterienliste für die Welt-Marktauswahl.
3. Besorge dir die Index-Factsheets der Weltmarkt-Indizes, die für dich infrage kommen und vergleiche sie anhand deiner Kriterienliste. Verwende „Factsheet [Indexname]“ als Suchbegriff.
4. Achte darauf, die größten Unternehmen innerhalb des gewählten Index im Blick zu behalten und vermeide dabei Überschneidungen.
5. Entscheide dich nun mindestens für einen Weltmarkt, in den du investieren möchtest. Nutze dafür die Kriterienliste. Vermeide emotionale Entscheidungen.
6. Verschaffe dir einen Überblick über die ergänzenden Märkte.
7. Wähle ergänzende Märkte, die deinen Interessen und Überlegungen entsprechen. Nutze die aktuellen Index-Factsheets der für

dich in Frage kommenden ergänzenden Indizes. Verwende „Factsheet [Indexname]“ als Suchbegriff.

8. Erstelle eine Liste der ergänzenden Märkte oder Themen, die dir als erfolgversprechend erscheinen.

7. Die Qual der Wahl: So triffst du die richtige Entscheidung bei der Auswahl von ETFs

Die Auswahl der richtigen ETFs ist wie das Zusammenstellen deines Investment-Teams – entscheidend für den Erfolg deiner Anlageplanung. ETFs bieten eine kostengünstige Möglichkeit, in verschiedene Märkte zu investieren und vom langfristigem Marktwachstum zu profitieren. Doch angesichts der Vielzahl von ETFs und Anbietern in Deutschland kann die Auswahl überwältigend sein. Hier gibt es den Guide, der dir zeigt, wie du die passenden ETFs für dich auswählst.

Marktauswahl: done

Bevor du ETFs auswählst, solltest du genau wissen, in welche Märkte und Indizes du investieren möchtest. Deine Marktauswahl basiert auf deinen persönlichen Zielen und Präferenzen. Ein Weltmarkt steht im Mittelpunkt deines Anlageplans.

ETF-Auswahl: steht an

Vor dir liegt eine Vielfalt von rund 2.800 ETFs, aus denen du deine Auswahl treffen kannst, um dein Vermögensziel zu erreichen. Es ist wichtig, diejenigen ETFs zu finden, die deinen Anforderungen entsprechen. Dafür solltest du die Kriterien, anhand derer sich ETFs unterscheiden, kennen und die für dich wesentlichen Punkte herausfiltern. Die folgende Liste wird dir als

Leitfaden für deine ETF-Entscheidungen dienen. Hier sind die wichtigsten Kriterien, die du berücksichtigen solltest: [46]

Anlageklasse: Stelle sicher, dass der ETF in die gewünschte Anlageklasse investiert.

Dividendenverwendung: Erinnerst du dich noch an die Möglichkeiten der Dividendenverwendung?

ETF-Anbieter: Hast du Präferenzen für bestimmte Anbieter?

ETF-Bewertung: Die ETF-Bewertungen der Stiftung Warentest geben dir wichtige Anhaltspunkte.

ETF-Größe: Je größer ein ETF ist, desto stabiler ist er am Markt etabliert.

ETF-Konstruktion: Verstehe die Methode und ihre Bedeutung für dein Risiko.

Gebühren: Vergleiche die Gesamtkostenquote (TER) der ETFs.

Nachhaltigkeit: Wenn dir Nachhaltigkeit wichtig ist, suche nach ETFs, die ESG- oder SRI-Kriterien berücksichtigen.

Tracking-Differenz: Wie genau bildet der ETF den zugrunde liegenden Index nach?

Es ist wichtig, eine Bewertung anhand von Kriterien, die du für dich priorisiert hast, vorzunehmen, um sicherzustellen, dass die ETFs, für die du dich entscheidest, zu deinem Vorhaben passen. Dabei ist zu

---

[46] Eine detaillierte Beschreibung aller Kriterien findest du am Ende dieses Kapitels.

beachten, dass einige Kriterien möglicherweise im Widerspruch zueinander stehen können. Zum Beispiel könnten ETFs mit höherer Risikoklasse potenziell höhere Renditen bieten, aber auch mehr Volatilität aufweisen. Überlege gut, welche Kriterien für deine individuellen Ziele am wichtigsten sind und finde eine ausgewogene Balance.

Welche Kriterien sind wichtig für dich?

Mithilfe der Kriterienliste und den ausführlichen Beschreibungen wird dir die Entscheidung für ETFs leichtfallen. Ordne die Kriterien nach deinen individuellen Prioritäten. Dies hilft dir dabei, klarer zu definieren, welche Eigenschaften für dich am wichtigsten sind.

Prüfe das aktuelle ETF-Angebot

Um einen Überblick über das aktuelle ETF-Angebot zu erhalten, kannst du verschiedene Quellen nutzen, darunter spezielle Plattformen wie onvista oder justETF, die Webseiten von Banken, wie comdirect oder von ETF-Anbietern, wie ishares. Die Testberichte der Stiftung Warentest sind ebenfalls eine zuverlässige Quelle für geprüfte Informationen und Empfehlungen, die die Auswahl erleichtern können.

Entscheide dich für Basis-ETFs

Nachdem du mindestens einen Weltmarkt als bevorzugtes Investitionsziel festgelegt hast, ist die Auswahl von mindestens einem passenden Basis-ETF, der diesen Markt angemessen nachbildet, wichtig. [47]

Wähle ergänzende ETFs

Berücksichtige deine persönlichen Präferenzen und Ziele bei der Auswahl ergänzender ETFs. Hast du dich für einen Industrienationen-Welt-ETF als Basis-ETF entschieden, können dir folgende 9 Fragen und Antworten helfen, dein Portfolio weiter auszubauen.

1. Frage: Wie kann ich das Übergewicht der USA ausgleichen?

   Antwort:
   Wenn du das Übergewicht der USA ausgleichen möchtest, könnten Regionen- und Länder-Aktien-ETFs eine Lösung sein.

---

[47] Du kannst dich natürlich auch für mehrere Basis-ETFs entscheiden.

2. Frage: Welche ETFs könnten für langfristiges Wachstum in aufstrebenden Märkten sinnvoll sein?

Antwort:
Falls du langfristig ein überdurchschnittliches Wachstum in bestimmten Regionen oder Schwellenländern erwartest, könnten Schwellenländer-Aktien-ETFs von Vorteil sein, bieten aber auch höhere Risiken.

3. Frage: Gibt es ETFs, die auf globale Herausforderungen fokussiert sind?

Antwort:
Interessierst du dich für Investitionen in globale Herausforderungen? ETFs mit thematischer Ausrichtung wie Technologie-ETFs oder Umwelt-ETFs könnten interessant sein.

4. Frage: Sollte ich meine Investitionen branchenspezifischer gestalten?

Antwort:
Zur Diversifikation und zum Ausgleich konjunktureller Schwankungen eignen sich ETFs, die sich auf Industriesektoren und Branchen konzentrieren.

5. Frage: Gibt es nachhaltige Investmentmöglichkeiten?

Antwort: Wenn Nachhaltigkeit eine Priorität für dich darstellt, könnten nachhaltige Aktien-ETFs interessant sein. Sie investieren in Unternehmen mit guter Umweltbilanz und sozialer Verantwortung.

6. Frage: Welche ETFs eignen sich für kleinere oder spezialisiertere Unternehmen?

Antwort:
Möchtest du mittlere oder kleinere Unternehmen im Portfolio haben? Dann könnten Aktien-ETFs für Nebenwerte eine Überlegung wert sein.

7. Frage: Sind ETFs für Dividenden oder Aktienrückkäufe empfehlenswert?

Antwort:
Für Investitionen in Unternehmen mit guten Dividenden oder Aktienrückkäufen könnten Dividenden- oder Aktienrückkauf-ETFs interessant sein.

8. Frage: Gibt es sichere Anlagemöglichkeiten im Vergleich zu Aktien?

Antwort:
Sicherere Anlageoptionen im Vergleich zu Aktien bieten Anleihen-ETFs. Sie können eine Ergänzung zu Aktien-ETFs darstellen.

9. Frage: Wie sind Rohstoff-ETFs in Bezug auf Volatilität und Reaktion auf Marktereignisse einzustufen?

Antwort:
Für Rohstoffinvestitionen könnten Rohstoff-ETFs eine Option sein, jedoch mit erhöhter Volatilität und Reaktion auf Angebot und Nachfrage sowie geopolitischen Ereignissen.

Bevor du dich entscheidest, bedenke deine Ziele und Präferenzen für deine Investments. Sie spielen eine wichtige Rolle bei der finalen Auswahl der ETFs, um in dich selbst zu investieren und ein gutes Gefühl dabei zu haben. Achte auch darauf, Überschneidungen zu vermeiden: Wenn du dich beispielsweise für einen Basis-ETF entschieden hast, der bereits in Schwellenländer und Unternehmen unterschiedlicher Größe investiert, sind Schwellenländer-ETFs und Nebenwerte-ETFs gegebenenfalls unnötig.

Jetzt handeln: triff deine ETF-Auswahl noch heute

Die Wahl der richtigen ETFs erfordert eine sorgfältige Überlegung und Ausrichtung auf deine individuellen Anlageziele. Eine gründliche Recherche und klare Priorisierung nach den relevanten Kriterien können dir dabei helfen, die passenden ETFs für deine Anlagestrategie zu finden.

Wie versprochen, erhältst du die Kriterienliste, die Lisa genutzt hat. Und natürlich kannst du mithilfe der Anleitung genauso vorgehen, wie Lisa es gemacht hat.

Lisas ETF-Auswahl für ihr ausgewogenes und nachhaltiges Portfolio

Lisa hatte bereits die grundlegenden Märkte und den Einsatz von ETFs für ihre Investitionen bestimmt. Dennoch war die Auswahl der passenden ETFs aufgrund des umfangreichen Angebots eine Herausforderung. Sie recherchierte eingehend, behielt ihre persönlichen Anlageziele im Blick und wandte die Methode an, die ihr bereits bei der Marktauswahl geholfen hatte: Sie ordnete meine Kriterienliste nach ihren Prioritäten.

Zunächst entschied sie sich dafür, nur thesaurierende ETFs in Betracht zu ziehen, um den Zinseszinseffekt optimal für ihren Vermögensaufbau zu nutzen. Anschließend wählte sie die Gebühren als zweitwichtigstes Kriterium, um sicherzustellen, dass möglichst viel von der Marktrendite bei ihr ankommt. Schließlich priorisierte sie die physische Konstruktion als ihr drittwichtigstes Kriterium, um in etwas zu investieren, das sie versteht.

Basierend auf ihrer Liste und ihren Überlegungen fiel es ihr leicht, einen klassischen Welt-ETF, einen nachhaltigen Welt-ETF und einen Schwellenländer-ETF auszuwählen, die ihren Kriterien entsprachen.

Lisa hat ihre Entscheidung getroffen – bis hierhin läuft alles gut.

RESSOURCEN FÜR DIE ETF-AUSWAHL

Kriterienliste

- Anlageklasse
- Dividendenverwendung
- ETF-Anbieter
- ETF-Bewertung
- ETF-Größe
- ETF-Konstruktion
- ETF-Rating
- ETF-Risikoklasse
- Faktorenauswahl
- Gebühren
- Marktauswahl
- Nachhaltigkeit
- Tracking-Differenz
- Wechselkursrisiko

Beschreibung der Kriterien

Anlageklasse: Mit ETFs kannst du in verschiedene Anlageklassen, wie zum Beispiel Aktien, Anleihen, Rohstoffe investieren.

Dividendenverwendung: Thesaurierend oder ausschüttend? Für den langfristigen Vermögensaufbau ist thesaurierend besser geeignet, weil die Dividenden vom ETF-Anbieter automatisch reinvestiert werden und so der Zinseszinseffekt für dich arbeitet. Möchtest du dagegen von jährlichen Dividendenzahlungen profitieren, wähle ausschüttend.

ETF-Anbieter: Es gibt eine Vielzahl von Anbietern. Die renommiertesten sind:

BlackRock (iShares): BlackRock ist der weltweit größte Anbieter von ETFs und bietet eine breite Palette von ETFs an, die verschiedene Anlageklassen und Regionen abdecken.
Vanguard: Vanguard ist ein weiterer großer Anbieter von ETFs und bekannt für seine kostengünstigen Indexfonds. Vanguard bietet eine Vielzahl von ETFs für verschiedene Anlagestrategien an.
State Street Global Advisors (SPDR): State Street Global Advisors ist der Anbieter von SPDR-ETFs, einschließlich des SPDR S&P 500 ETF (auch bekannt als „Spider“), der einer der beliebtesten ETFs weltweit ist.
Invesco: Invesco bietet eine breite Palette von ETFs an, darunter solche, die auf spezifische Branchen, Faktoren oder Anlagestrategien ausgerichtet sind.
Amundi: Amundi ist einer der größten europäischen Vermögensverwalter und bietet eine breite Palette von ETFs an, die verschiedenen Märkte und Anlagestrategien abdecken.

ETF-Bewertung: Die ETF-Bewertungen der Stiftung Warentest geben wichtige Anhaltspunkte. Die aus Sicht der Stiftung Warentest besten ETFs sind mit „1. Wahl“ gekennzeichnet.

ETF-Größe: Es gilt, dass je größer ein ETF ist, desto unwahrscheinlicher ist es, dass er wieder vom Markt verschwindet. Achte auch auf das durchschnittliche Handelsvolumen des ETFs, um sicherzustellen, dass du ihn leicht kaufen und verkaufen kannst.

ETF-Konstruktion: Die ETF-Konstruktion ist für viele schon wichtiger. Die Befürchtung vieler: Es stecken Risiken in den Methoden, mit denen ETFs die zugrunde liegenden Marktindizes nachbilden, die dazu führen, dass ETFs riskanter als Investmentfonds sind. Die Faktenlage: ETFs bilden Märkte nach. Die Entwicklung des ETF-Kurses gleicht der Indexentwicklung. Um das zu erreichen, bedienen sich ETFs drei unterschiedlicher Methoden:

Physisch voll repliziert: der ETF hält die Titel aus dem Index.

Physisch optimiert: der ETF besteht zu einem Teil aus den Aktien der Unternehmen, die im Index vertreten sind.

Synthetisch: Der ETF kauft nicht die Titel aus dem Index, sondern andere Wertpapiere. Damit die Nachbildung trotzdem funktioniert, werden Tauschgeschäfte, sogenannte Swaps abgeschlossen. Es stimmt, (Tausch-)Partner von ETFs können zahlungsunfähig werden. Jedoch liegt darin laut Stiftung Warentest kein erhöhtes Risiko im Vergleich zu aktiv gemanagten Fonds.[48]

ETF-Rating: Das Morningstar-Rating[49] ermöglicht einen Double Check kurz vor dem Kauf deiner ETF.

ETF-Risikoklasse: Die Risikoklasse von ETFs findest du ebenfalls in den Testergebnissen der Stiftung Warentest. Du wirst feststellen, dass ergänzende ETFs in der Regel eine höhere Risikoklasse als Welt-ETFs haben und deshalb intensiver beobachtet werden sollten.

Faktorauswahl: Möchtest du als Ergänzung noch Faktor-ETFs nutzen? Falls ja, welche? Oder bevorzugst du eine Kombination von Faktoren?

Value: ETFs, die sich aus Unternehmen mit niedrigem Kurs-Gewinn-Verhältnis (KGV), niedrigerem Preis-Buchwert-Verhältnis (PBV) und/oder höherer Dividendenrendite zusammensetzen.
Small Cap: ETFs, die auf Aktien von kleineren Unternehmen abzielen, die oft ein höheres Wachstumspotenzial haben, aber auch mit höheren Risiken verbunden sein können.

---

[48] Wallstabe-Watermann, Brigitte u.a. „Anlegen mit ETF: Geld bequem investieren mit ETF und Indexfonds", Berlin 2020, S. 154.

[49] Das Morningstar-Rating ist ein Bewertungssystem, das von dem Finanzinformations- und Analyseunternehmen Morningstar Inc. entwickelt wurde. Es wird häufig verwendet, um Fonds zu bewerten und zu vergleichen. Das Rating ist als „Sterne-Rating" bekannt, da es Fonds mit einer Skala von 1 bis 5 Sternen bewertet, wobei 5 Sterne die höchste Bewertung und 1 Stern die niedrigste Bewertung darstellt.

Momentum: ETFs, die auf Aktien von Unternehmen setzen, die in der Vergangenheit eine starke Kursentwicklung aufweisen konnten und von denen erwartet wird, dass sie diese auch in Zukunft fortsetzen werden.
Low Volatility: ETFs, die auf Aktien von Unternehmen abzielen, die historisch gesehen weniger volatil waren als der breitere Markt.
Dividenden: ETFs, die sich auf Unternehmen konzentrieren, die regelmäßig Dividenden auszahlen.
Quality: ETFs, die auf Unternehmen abzielen, die eine höhere finanzielle Stabilität und eine bessere Bilanzqualität aufweisen als der breitere Markt.

Gebühren: Die laufenden Gebühren – ein wichtiges Thema und die 3. Regel der erfolgreichen Geldanlage! Vergleiche die Gesamtkostenquote (TER) der ETFs. Niedrigere Kosten bedeuten, dass mehr von der Marktrendite dir zugutekommt.

Marktauswahl: Für die Märkte, in die du investieren wirst, hast du dich bereits entschieden.

Nachhaltigkeit: Wenn Nachhaltigkeit für dich wichtig ist, suche nach ETFs, die ESG- oder SRI-Kriterien berücksichtigen.

Strategieauswahl: Möchtest du als Ergänzung noch Strategie-ETFs nutzen? Falls ja, welche Strategie soll dein ETF verfolgen?

Tracking-Differenz: Überprüfe, wie genau der ETF den zugrunde liegenden Index nachbildet. Die Tracking-Differenz zwischen ETF und Index sollte nahe 0 sein, das heißt der ETF sollte den Index zu jeder Zeit exakt nachbilden.

Wechselkursrisiko: Da die Aktien in der Heimatwährung des Unternehmens in den ETF einfließen, lässt sich insbesondere bei Welt-ETFs ein Wechselkursrisiko nicht vermeiden.

ANLEITUNG ZUR ETF-AUSWAHL

1. Ordne die Kriterienliste zur ETF-Auswahl nach deinen Prioritäten.

2. Verschaffe dir einen Überblick über das Angebot an ETFs. Dazu ist es hilfreich, sich auf Online-Finanzplattformen, Websites von ETF-Anbietern oder Finanz-Nachrichtenquellen nach ETF-Informationen umzusehen. Dafür eignen sich beispielsweise OnVista (www.onvista.de) und justETF (www.justetf.com), Comdirect (www.comdirect.de), iShares (www.ishares.com) und Lyxor ETF (www.lyxoretf.de).

3. Besorge dir die Fondsliste oder das aktuelle ETF-Bewertungsheft der Stiftung Warentest. Beides ist kostenpflichtig und über www.test.de erhältlich. Die ETF-Sonderhefte gibt es auch in gedruckter Form überall dort, wo es Zeitschriften gibt. Sie erscheinen jährlich, im November.

4. Entscheide dich nun für mindestens einen Weltmarkt-ETF, in den du investieren möchtest.

5. Entscheide dich dann für einen oder mehrere ETFs, die die ergänzenden Märkte, die du ausgewählt hast, abbilden.

6. Notiere die ISIN-Nummern (Beispiel: IE 00B 4L5 Y98 3) der ETFs, für die du dich entschieden hast, damit du später beim Kauf beziehungsweise beim Einrichten eines ETF-Sparplans die ausgewählten ETFs eindeutig identifizieren kannst. Die ISIN-Informationen findest du ebenfalls in den Prüfberichten der Stiftung Warentest, die du beispielsweise über www.test.de abrufen kannst.

8. Sparsam zum Erfolg: Wie du zu einem kostengünstigen Depot für deine ETFs kommst

Ein kostengünstiges Depot ist eine wichtige Grundlage für eine erfolgreiche Geldanlage mit ETFs. Hier erfährst du, wie du ein Depot auswählst und welche Kriterien du bei der Wahl des Depots berücksichtigen solltest.

Deine Möglichkeiten

Zunächst solltest du prüfen, ob dein Hausbank-Depot die beste Wahl für deine ETF-Investitionen ist. Filialbanken verlangen oft hohe Gebühren für den Kauf und Verkauf von Wertpapieren. Bei einem ETF-Depot solltest du auf eine möglichst niedrige Ordergebühr achten und zusätzliche Kosten wie Depotführungsgebühren oder Währungsumrechnungskosten, wenn möglich, vermeiden.

Alternativ zum Hausbank-Depot kannst du auch ein Depot bei einer Direktbank oder einem Neobroker eröffnen. Online-Broker sind oft deutlich günstiger als Hausbanken und bieten eine breite Auswahl an ETFs und anderen Wertpapieren. Einige Online-Broker bieten sogar spezielle ETF-Sparpläne an, bei denen du regelmäßig in ausgewählte ETFs investieren kannst, ohne dafür hohe Gebühren zu zahlen. Auf den Bewertungslisten von Finanztest sind regelmäßig die Angebote an Depots von der Consorsbank, Comdirect und

ING zu finden.[50] Als Neobroker haben sich JustTRADE, Scalable Capital und Trade Republic einen Namen gemacht.[51]

Deine Kriterien

Bevor du ein Depot eröffnest, informiere dich über die verschiedenen Angebote und vergleiche die Gebühren. Bedenke dabei auch, dass nicht nur die Ordergebühren, sondern auch weitere Kosten wie Dividendenverarbeitungsgebühren oder Gebühren für den Depotübertrag eine Rolle spielen können. Ein kostengünstiges Depot ist ein wichtiger Baustein für deine ETF-Investitionen. Mit der richtigen Wahl kannst du langfristig Kosten sparen und von höheren Renditen profitieren.

Bei der Auswahl eines Depots solltest du mehrere Kriterien berücksichtigen, um sicherzustellen, dass es deinen Bedürfnissen und Zielen entspricht. Vergleiche die verschiedenen Depotanbieter, lies Bewertungen und nimm dir Zeit, um die unterschiedlichen Kriterien zu priorisieren, bevor du eine Entscheidung triffst.

---

[50] Aulitzki, Roland, u.a.: „Spezial: Anlegen mit ETF", Ausgabedatum: 11/2023, S. 34.

[51] Aulitzki, Roland, u.a.: „Spezial: Anlegen mit ETF", Ausgabedatum: 11/2023, S. 36, 37.

So wählte Lisa ihr Depot

In Schritt 8 recherchierte Lisa nach einem kostengünstigen Depot-Anbieter. Herausfordernd waren die Vielzahl und die Vergleichbarkeit der Angebote. Sie wollte sicherstellen, dass sie ein Depot wählt, das zu ihren Bedürfnissen und Anlagezielen passt, und sie wollte dabei gleichzeitig die Gebühren im Auge behalten. Sie recherchierte online und verglich verschiedene Depot-Anbieter hinsichtlich ihrer Kosten, Services und Benutzerfreundlichkeit. Schließlich entschied sie sich für ein Depot eines Neobrokers, das leicht per Handy zugänglich und gleichzeitig kostenlos war.

RESSOURCEN ZUR DEPOTAUSWAHL

Kriterienliste

- Kosten und Gebühren
- Produktauswahl
- Handelsplattform und Benutzerfreundlichkeit
- Sicherheit und Einlagensicherung
- Kundenservice
- Reputation und Erfahrung
- Zusätzliche Funktionen

Beschreibung der Kriterien:

Kosten und Gebühren: Die Kostenstruktur des Depots umfasst Depotführungsgebühren, Transaktionskosten, Ausgabeaufschläge und Verwaltungsgebühren für ETFs oder Investmentfonds. Es ist wichtig, die Gesamtkosten im Blick zu haben, einschließlich möglicher versteckter Gebühren.

Produktauswahl: Hat das Depot die ETFs im Angebot, für du dich entschieden hast? Hilfreich ist ein breites ETF-Angebot, um deine diversifizierte Strategie umsetzen zu können.

Handelsplattform und Benutzerfreundlichkeit: Eine intuitive Benutzeroberfläche, die schnelle Ausführung von Trades und gute Analysetools helfen dir bei der Verwaltung deines Portfolios.

Sicherheit und Einlagensicherung: Wird das Depot von einer regulierten und vertrauenswürdigen Finanzinstitution betrieben? In welcher Höhe sind deine Einlagen geschützt?

Kundenservice: Berücksichtige den Kundenservice und die Erreichbarkeit des Depotanbieters, insbesondere in Bezug auf deine bevorzugten Wege der Kontaktaufnahme, wie zum Beispiel per E-Mail oder telefonisch.

Reputation und Erfahrung: Informationen über die Unternehmensgeschichte, die Anzahl der Kunden, die Dauer der Geschäftstätigkeit und eventuelle Auszeichnungen oder Anerkennungen vermitteln einen Eindruck, ebenso wie unabhängige Bewertungen und Rezensionen.

Zusätzliche Funktionen, wie Sparpläne, Steuerberichterstattung, Zugang zu Research-Materialien oder Bildungsressourcen, können dir bei der Verwaltung deiner Investitionen helfen.

ANLEITUNG ZUR DEPOTAUSWAHL

1. Besorge dir die Depot-Bewertungslisten der Stiftung Warentest.
2. Priorisiere die Kriterien nach deinen persönlichen Präferenzen.
3. Suche dir drei Depots aus und vergleiche, wie sie anhand der Kriterien abschneiden.
   a. Vergleiche die Kosten verschiedener Depotanbieter, um sicherzustellen, dass sie konkurrenzfähig und transparent sind.
   b. Überprüfe, ob du Zugang zu den gewünschten ETFs, Investmentfonds, Aktien, Anleihen und anderen Anlageinstrumenten hast.
   c. Überprüfe die Handelsplattform des Depots und stelle sicher, dass sie benutzerfreundlich ist und deinen Bedürfnissen entspricht.
   d. Überprüfe die Einlagensicherung, um sicherzustellen, dass dein Kapital geschützt ist, falls der Depotanbieter zahlungsunfähig wird.
   e. Stelle sicher, dass du bei Fragen oder Problemen Unterstützung erhalten kannst und dass der Kundenservice zuverlässig ist.

f. Prüfe die Reputation und Erfahrung des Depotanbieters.
g. Überprüfe, ob das Depot zusätzliche Funktionen wie Sparpläne bietet.

4. Entscheide dich auf dieser Basis für ein Depot.

9. Flexibel und rentabel: So findest du das perfekte Tagesgeldkonto

Das Tagesgeldkonto ist die sinnvolle Ergänzung zu deinem Anlageportfolio, da es dir einen flexiblen Zugang zu deinem Geld ermöglicht und gleichzeitig eine attraktive Verzinsung bieten kann.[52] Doch wie findest du das perfekte Tagesgeldkonto zu günstigen Konditionen?

Zunächst solltest du dich über die verschiedenen Angebote am Markt informieren und die Konditionen vergleichen. Achte dabei auf den Zinssatz, aber auch auf weitere Faktoren wie die Mindesteinlage, die Häufigkeit der Zinsgutschrift und die Verfügbarkeit des Geldes. Ein weiterer wichtiger Faktor ist die Sicherheit des Tagesgeldkontos. Das Konto sollte von einer regulierten Bank geführt werden und durch eine Einlagensicherung geschützt sein. Einige Banken bieten zudem attraktive Prämien für die Eröffnung eines Tagesgeldkontos an. Informiere dich darüber, ob es derzeit solche Aktionen gibt und ob diese für dich infrage kommen.

Grundsätzlich gilt: Nimm dir Zeit für die Suche nach dem perfekten Tagesgeldkonto und vergleiche die Angebote gründlich, um so lang wie möglich von attraktiven Konditionen und einer rentablen Anlage zu profitieren.

---

[52] Groß, Sina: „Geldanlage für Faule", Berlin 2021, S. 60 ff.

Einlagensicherung und andere wichtige Überlegungen

Die Einlagensicherung spielt bei der Wahl eines Tagesgeldkontos eine wichtige Rolle, da sie sicherstellt, dass das angelegte Geld im Falle einer Insolvenz der Bank bis zu einem bestimmten Betrag geschützt ist. Es ist daher empfehlenswert, sich vor der Eröffnung eines Tagesgeldkontos über die Einlagensicherung des jeweiligen Anbieters zu informieren. Dies kann dazu beitragen, das Risiko von Verlusten zu minimieren und ein gewisses Maß an Sicherheit zu gewährleisten. Bei Beträgen über 100.000 Euro kann es sinnvoll sein, mehrere Tagesgeldkonten bei verschiedenen Banken zu eröffnen. So kannst du auf Veränderungen am Markt reagieren und hast gleichzeitig ein höheres Maß an Sicherheit durch die Streuung deines Geldes.

Bei der Auswahl eines Tagesgeldkontos gibt es verschiedene Kriterien zu berücksichtigen. Hier sind einige der wichtigsten: Flexibilität, Sicherheit, Gebühren, Online-Banking, Kundenservice, Reputation und Zusatzfunktionen.

Berücksichtige deine persönlichen Bedürfnisse und Vorlieben, um das für dich perfekte Tagesgeldkonto auszuwählen. Vergleiche verschiedene Banken, lies Bewertungen und nimm dir Zeit, um die verschiedenen Kriterien zu prüfen, bevor du eine Entscheidung triffst.

Lisas Suche nach dem passenden Tagesgeld-Konto

Relativ einfach gestaltete sich Lisas Suche nach einem Tagesgeldkonto, das sowohl attraktive Zinsen bot als auch sicher und vertrauenswürdig war. Sie verglich die Konditionen und Gebühren der verschiedenen Anbieter, um das beste Angebot für ihre Bedürfnisse zu finden. Das Konto sollte für sie jederzeit zugänglich sein, falls sie in Zukunft kurzfristig auf ihr Geld zugreifen musste. Sie fand, was sie suchte: Ein Tagesgeldkonto mit attraktiven Zinsen, um den Sicherheitsanteil ihres Portfolios von 5.000 Euro zu parken und monatlich 150 Euro zu sparen.

Lisas Reise zum eigenen Anlageplan nähert sich dem Ende – nur noch ein Schritt liegt vor ihr.

RESSOURCEN FÜR DIE WAHL DES TAGES-GELDKONTOS

Kriterienliste:

- Zinssatz
- Flexibilität
- Sicherheit
- Gebühren
- Online-Banking
- Kundenservice
- Reputation
- Zusätzliche Funktionen

Beschreibung der Kriterien:

Zinssatz: Je höher der Zinssatz, desto mehr Erträge erhältst du für dein angelegtes Geld. Achte darauf, dass der Zinssatz fest und pro Jahr ausgewiesen wird.

Flexibilität: Das Konto sollte ausreichend Flexibilität bieten, damit du problemlos Geld einzahlen oder abheben kannst, falls du es benötigst.

Sicherheit: Ist die Bank sicher und vertrauenswürdig? Sind deine Einlagen gesichert?

Gebühren: Fallen Kontoführungsgebühren oder Transaktionsgebühren an?

Online-Banking: Ein benutzerfreundliches Online-Banking-Portal ermöglicht es dir, dein Konto bequem von zu Hause aus zu verwalten, Überweisungen vorzunehmen und deine Kontoinformationen einzusehen.

Kundenservice: Erhältst du bei Fragen oder Problemen Unterstützung? Ist der Kundenservice zuverlässig und leicht erreichbar?

Reputation und Erfahrung der Bank: Informationen über die Unternehmensgeschichte, die Kundenzufriedenheit und eventuelle Auszeichnungen oder Anerkennungen vermitteln einen Eindruck.

Zusätzliche Funktionen: Beispielsweise einen Dispokredit, einen Kreditkartenservice oder einen automatischen Sparplan.

ANLEITUNG ZUR AUSWAHL DES TAGESGELDKONTOS

1. Sortiere die Kriterien nach deinen persönlichen Präferenzen.
2. Besorge dir die Bewertungsliste der Stiftung Warentest.
3. Suche dir drei Tagesgeld-Konten aus und vergleiche, wie sie anhand der Kriterien abschneiden.
    a. Überprüfe den Zinssatz des Tagesgeldkontos.
    b. Überprüfe die Bedingungen für Ein- und Auszahlungen.
    c. Informiere dich über die Einlagensicherung, damit dein Geld abgesichert ist, falls die Bank zahlungsunfähig wird.
    d. Überprüfe, ob das Tagesgeldkonto mit irgendwelchen Gebühren verbunden ist.
    e. Überprüfe auch die Online-Banking-Funktionen, die das Tagesgeldkonto bietet.
    f. Kläre, ob der Kundenservice zuverlässig und leicht erreichbar ist.
    g. Prüfe die Reputation und Erfahrung der Bank.

4. Entscheide dich auf dieser Basis für ein Tagesgeldkonto.

10. Dein Anlageplan für finanziellen Erfolg

Dein Anlageplan steht als entscheidendes Werkzeug bereit, um deine finanziellen Ziele zu erreichen. Du hast dein Vermögensziel gefunden, deine optimale Anlagedauer bestimmt, deinen sicheren Startbetrag und deine regelmäßigen Spar- und Investitionsbeträge berechnet und dich auf eine Portfoliostruktur festgelegt, die deiner Persönlichkeit entspricht.

Auf dieser soliden Basis hast du dich für die Märkte entschieden, in die du investieren möchtest und die dazu passenden ETFs ausgewählt. Du hast ein kostengünstiges Depot gefunden und ein rentables Tagesgeldkonto zu minimalen Gebühren.

Hier noch einmal die einzelnen Komponenten deines Anlageplans im Überblick.

1. Dein Vermögensziel
2. Deine optimale Anlagedauer
3. Dein sicherer Startbetrag
4. Dein regelmäßiger Spar- und Investitionsbetrag
5. Die Portfoliostruktur
6. Die Aufteilung des Renditeanteils
7. Die von dir ausgewählten Märkte
8. Die von dir ausgewählten ETFs
9. Dein Depot
10. Dein Tagesgeldkonto

Nun ist es an der Zeit, deinen Anlageplan zu analysieren und zu prüfen, ob er das Potenzial hat, dein Vermögensziel zu erreichen. Bist du gut diversifiziert? Passt der Risikolevel deines Portfolios zu deiner Risikobereitschaft? Sind deine ETFs optimal gewählt? Indem du dich kritisch mit deinem Anlageplan auseinandersetzt und gegebenenfalls Anpassungen vornimmst, kannst du sicherstellen, dass du auf dem richtigen Weg bist, um langfristig finanziellen Erfolg zu erlangen. Es ist an der Zeit herauszufinden, welches Potenzial und welches Risiko in deinem Anlageplan stecken.

Potenzial analysieren

Schauen wir uns zunächst das Potenzial an. Dafür verwenden wir einen Online-Rechner, wie zum Beispiel www.zinsen-berechnen.de.[53] Trage nun das Anfangskapital (Startbetrag), die Sparrate (Spar- oder Investitionsbetrag), Zinsen oder Rendite und Anlagedauer ein und berechne das Potenzial der einzelnen Komponenten deines Anlageplans, Tagesgeld, Basis-ETF und gegebenenfalls Spezial-ETFs.

Nutze dafür die aktuellen Zinsen und die Renditen der Vergangenheit. Triff realistische Annahmen, um überoptimistische Ergebnisse zu vermeiden. Zuverlässigere Informationen hast du nicht. Die Zukunft ist für jeden Menschen unbekannt.

Dann addiere die einzelnen Komponenten. Liegt deine Hochrechnung auf, über oder unter deinem

[53] Sparplanrechner, URL: www.zinsen-berechnen.de

Vermögensziel? Falls du mit deiner Hochrechnung zu einem Endkapital kommst, das deinem Vermögensziel entspricht oder sogar darüber liegt, gibt es nichts weiter für dich zu tun. Falls du mit deiner Hochrechnung dein Vermögensziel nicht erreichst, ist es an der Zeit, deinen Anlageplan zu überprüfen und gegebenenfalls anzupassen – und zwar so lange, bis du mit dem Ergebnis deiner Hochrechnung gut leben kannst.

Bitte vergiss nicht, bei der Hochrechnung die Kapitalertragssteuer zu berücksichtigen, indem du die entsprechenden Boxen anklickst.

Notiere dir nun die Eckpunkte deines Anlageplans inklusive des Ergebnisses aus der Hochrechnung.

Risiken bestimmen

Nun wollen wir noch das Risiko bestimmen, das in deinem Anlageplan steckt. Dazu nutzen wir die Risikoklassen der Stiftung Warentest. Es gibt 12 Risikoklassen. Tagesgeld hat die Risikoklasse 1, ein ETF auf den MSCI World die Risikoklasse 7, Fonds der Risikoklasse 12 sind mehr als doppelt so riskant wie ETFs, die den MSCI World nachbilden.[54] Addiere nun die Risikoklassen der einzelnen Positionen und dividiere sie durch deren Anzahl, um die Risikoklasse deines Portfolios zu ermitteln. Um die Gebührenstruktur deines Anlageplans zu verstehen, notieren wir ebenfalls die Gebühren zu jedem Produkt.

---

[54] Aulitzky, Roland, u.a.: „Spezial: Anlegen mit ETF", Ausgabedatum: 11/2022, S. 93.

Regelmäßig überprüfen

Jetzt, da dein Anlageplan steht, bist du bereit für die Umsetzung. Bleib am Ball, indem du ihn regelmäßig mit der tatsächlichen Entwicklung deiner Geldanlage abgleichst. So stellst du sicher, dass du auf dem richtigen Weg bist, um deine Ziele zu erreichen. Diese regelmäßige Überprüfung hilft auch dabei, unerwünschte Risiken oder Ungleichgewichte frühzeitig zu erkennen und anzupassen. Kapitel 3 bietet dir hierzu wertvolle Tipps.

Denke daran: Anlagepläne sind flexibel und können angepasst werden, um auf Veränderungen in deinem Leben oder am Markt zu reagieren. Wenn es um komplexere Entscheidungen geht, kann es hilfreich sein, professionellen Rat einzuholen.

Lisa war stolz auf sich

Lisa war stolz auf sich. Sie hatte die ersten 9 Schritte zu ihrem eigenen Anlageplan in ihrem Tempo gemeistert. Sie hatte gründlich über Risikobereitschaft, Anlagehorizont und finanzielle Möglichkeiten nachgedacht und fundierte Entscheidungen bezüglich ETFs, Depot und Tagesgeldkonto getroffen.

Es war ein Moment der Aufregung, Erleichterung und Zufriedenheit für Lisa. Sie hatte einen wichtigen Meilenstein erreicht. Jetzt war es Zeit, ihren Anlageplan auf die Probe zu stellen. Hatte sie die richtigen Entscheidungen getroffen, um ihr Vermögensziel zu erreichen? Sie wusste, dass der Plan nicht in Stein gemeißelt war - Änderungen waren bei Bedarf möglich. Lisa war ungeduldig und wollte mit der Umsetzung starten - ihr neu gewonnenes Selbstvertrauen überwog die letzten Zweifel.

Glücklich stellte Lisa mithilfe eines Online-Rechners fest, dass ihr Anlageplan voraussichtlich ein Endkapital von circa 470.000 Euro, nach Abzug von Steuern, erzielen würde. Somit war endlich der richtige Zeitpunkt gekommen, um mit der Umsetzung zu beginnen.

Lisas Reise hat sie zu ihrem selbst entwickelten Anlageplan geführt. Erfahre als nächstes wie sie diesen Plan in die Tat umsetzt.

ANLEITUNG HOCHRECHNUNG

1. Berechne das erreichbare Netto-Endkapital (abzüglich Steuern) für jede Komponente deines Anlageplans mit Hilfe eines Online-Sparrechners.
2. Addiere die Endkapital-Werte pro Komponente.
3. Vergleiche das Ergebnis mit deinem Vermögensziel.
4. Liegt das Ergebnis über deinem Vermögensziel, ist keine weitere Aktion erforderlich.
5. Liegt das Ergebnis unter deinem Vermögensziel, überprüfe die einzelnen Komponenten.
6. Entscheide dich entweder dafür, den Plan zu überarbeiten oder mit diesem Plan in die Umsetzung zu starten, auch wenn dein Vermögensziel damit aus heutiger Sicht nicht erreichbar ist.

3 Feel good und investiere: Die praktische Umsetzung im Blick

Es geht los. Du startest mit der Umsetzung deines Anlageplans. Zunächst eröffnest du Depot und Tagesgeldkonto. Dann kaufst du die ETFs, die du gewählt hast, und richtest deinen ETF-Sparplan ein.

Danach beginnt die heiße Phase des Vermögensaufbaus. Während du dich entwickelst, tanzen die Märkte hoch und runter. Wahrscheinlich erlebst du sogar einen Crash. Doch keine Sorge: Ich gebe dir eine einfache Regel an die Hand, mit der du deine Geldanlage überprüfen und erkennen kannst, wann und welche Anpassungen an deinem Portfolio vorzunehmen sind. Ich habe auch Tipps parat, mit denen du für jede wirtschaftliche Situation und private Veränderung gerüstet bist.

Zum Schluss gebe ich dir einen Überblick über die Entnahme-Methoden, damit du im Ruhestand von deinem ETF-Vermögen entspannt profitierst.

1. Der Start in die erfolgreiche Geldanlage: Depot und Tagesgeldkonto

Um dein Depot zu eröffnen, folge der Anleitung des Anbieters, für dessen Depot du dich entschieden hast. Plane Zeit ein, um die Vertragsbedingungen und die damit verbundenen Kosten und Risiken zu verstehen. Die meisten Broker und Banken verlangen von neuen

Kunden eine Überprüfung ihrer Identität und eine Bestätigung der persönlichen Daten. Du musst ein „Ident"-Verfahren durchlaufen und deinen Personalausweis vorlegen. Online dauert das nicht länger als 30 Minuten. Die Bank benötigt circa eine Woche, um deinen Antrag zu bearbeiten.

Richte dein Depot ein

Hast du die Depot-Eröffnungsbestätigung erhalten, geht es weiter. Mache dich zunächst mit der Technologie und der Benutzeroberfläche des ausgewählten Brokers vertraut. Dann überweise das Geld für den ETF-Kauf auf das Verrechnungskonto, dass du bei der Depoteröffnung zugewiesen bekommen hast. Für den ETF-Sparplan kannst du einen Dauerauftrag von deinem Girokonto auf das Verrechnungskonto einrichten. Nun kannst du die von dir gewählten ETFs kaufen und den ETF-Sparplan aufsetzen.

Fülle dein Tagesgeldkonto

Danach eröffne das von dir gewählte Tagesgeldkonto. Folge dazu der Anleitung des Konto-Anbieters. Überweise abschließend den Betrag, den du für den Sicherheitsanteil bereitgestellt hast auf dieses Konto und richte einen Dauerauftrag für den monatlichen Sparbetrag von deinem Girokonto auf dein Tagesgeld-Konto ein.

Lisas Start in die Umsetzung

Aufgrund ihres Anlageplans war Lisa voller Zuversicht, ein Vermögen aufbauen zu können. Sie spürte eine tiefe Zufriedenheit und war motiviert, mit der Umsetzung zu starten.

Dank ihrer gründlichen Vorbereitung fiel es Lisa leicht die anstehenden Aufgaben anzugehen. Sie eröffnete ihr Depot und kaufte Anteile an den von ihr gewählten ETFs: Welt, Welt-SRI und Emerging Markets. Der Gesamtwert ihres ETF-Portfolios zum Start betrug 5.000 Euro, wobei 4.000 Euro auf die Weltmarkt-ETFs und 1.000 Euro auf den Emerging-Markets-ETF entfielen. Nun legte sie noch einen Sparplan für den Welt-ETF mit 150 Euro monatlich an.

Danach eröffnete Lisa ein Tagesgeldkonto ihrem Anlageplan entsprechend. Sie überwies 5.000 Euro auf das Tagesgeldkonto und richtete einen Dauerauftrag von 150 Euro auf das Tagesgeldkonto ein. So realisierte Lisa die „individuell-ausgeglichene" Portfoliostruktur, für die sie sich aufgrund ihrer Persönlichkeit im Rahmen der Anlageplanung entschieden hatte.

Freue dich auf Lisas weitere Erfahrungen beim Aufbau ihres Vermögens.

----

2. Auf dem Weg zum Vermögen: Keep calm

In der Phase des Vermögensaufbaus, die mindestens 10 Jahre dauert, werden sich die wirtschaftlichen Rahmenbedingungen mehrmals verändern. Konjunkturschwankungen, Zinsänderungen und politische Ereignisse werden den Wert deines Anlageportfolios beeinflussen.

Der Wechsel von einer Konjunkturphase zur nächsten, führt zu Schwankungen an den Finanzmärkten und beeinflusst somit den Wert deines Anlageportfolios. Eine Rezession oder ein Wirtschaftsabschwung kann zu einem Rückgang der Aktienkurse führen, während eine Erholung oder ein Wirtschaftsaufschwung in steigende Kurse münden kann.

Durch Zentralbanken initiierte Änderungen der Höhe der Leitzinsen können die Rendite von Anlageprodukten beeinflussen. Niedrige Zinssätze können Anleger dazu verleiten, in risikoreichere Anlagen wie Aktien zu investieren, um eine höhere Rendite zu erzielen. Hohe Zinssätze können dazu führen, dass Anleger in sicherere Anlagen wie Anleihen investieren.

Wahlen, Konflikte oder Handelsabkommen können Unsicherheiten an den Finanzmärkten verursachen und so den Wert des Anlageportfolios beeinflussen.

3. Mit Re-Balancing bleibst du auf Kurs: Die 10%-Regel

Ungeachtet dieses ständigen Wechsels verfolgst du dein Ziel, von der Wertsteigerung der Aktien und der anderer Anlageklassen zu profitieren. Dafür hälst du deine ETFs und verkaufst sie nicht aus Angst vor Kursschwankungen oder aufgrund von kurzfristigen Ereignissen.

Kurz: du hälst dein Portfolio mit Re-Balancing auf Kurs. Das bedeutet, wenn sich die Gewichtung von Tagesgeld zu ETF aufgrund von Kursveränderungen signifikant verschoben hat, stellst du durch Verkauf oder Kauf von ETF-Anteilen die ursprüngliche Gewichtung wieder her.

So bleibt dein Portfolio in Form und du verfolgst deine langfristigen Anlageziele weiter. Diese Vorgehensweise hilft dir nicht nur dabei, Emotionen wie Angst oder Gier aus der Anlageentscheidung herauszuhalten, sondern sorgt auch für eine disziplinierte und systematische Vorgehensweise.

Die 10%-Regel

Mit Hilfe der „10%-Regel“[55] ist die Re-Balance-Methode einfach umzusetzen. Wer sich an die Grundregel hält und Geduld mitbringt, kann über einen längeren Zeitraum hinweg ein solides Vermögen aufbauen.

Entsprechend der „10%-Regel“ wirst du nur dann aktiv, wenn dein Portfolio aus der Balance geraten ist. Dies ist der Fall, wenn die Aufteilung in Tagesgeld und ETF um mehr als 10%-Punkte von der ursprünglichen Portfoliostruktur abweicht.

Was steckt dahinter? Du hast dich für eine Portfoliostruktur entschieden, die zu deiner Persönlichkeit passt – unter Berücksichtigung deiner Persönlichkeitsmerkmale, deiner Glaubenssätze und Erfahrungen. Diese Entscheidung hast du wohlüberlegt getroffen und dabei solltest du bleiben, denn die Anpassung des Portfolios aufgrund guter oder schlechter Kursverläufe an den Börsen hat sich als Fehler erwiesen. Anleger tendieren dazu, mehr in Aktien zu sparen, wenn es an den Börsen gut läuft. Zyklisches Vorgehen erhöht dein Risiko und du handelst im Widerspruch zu der grundsätzlich antizyklischen Vorgehensweise.

Mit Hilfe des Beispiels kannst du nachvollziehen, wie du dein Portfolio durch den Kauf bzw. Verkauf von Anteilen wieder ins Gleichgewicht bringst.

---

[55] Wallstabe-Watermann, Brigitte, u. a.: „Die Finanztest-Strategie: Bequem Geld in ETF anlegen mit unserem Pantoffel-Portfolio“, Berlin 2022, S. 137.

Beispiel:

Portfolio Plan:	50 % ETF: 50 % Tagesgeld
Portfolio aktuell:	61 % ETF: 39 % Tagesgeld
Verschiebung:	+11% ETF: -11% Tagesgeld
Check:	**Veränderung > 10%**
to do:	**Verkauf von ETFs**
ETF Verkauf	-11% ETF: +11% Tagesgeld
Portfolio neu:	50 % ETF: 50 % Tagesgeld

Abbildung 3: Anwendung der 10%-Regel Teil 1

Portfolio Plan:	5.000 € ETF: 5.000 € Tagesgeld
Portfolio aktuell:	8.000 € ETF: 5.000 € Tagesgeld
Verschiebung:	+3.000 € ETF: 0 € Tagesgeld
Check:	**Veränderung > 10%**
to do:	**Verkauf von ETFs**
ETF Verkauf	-1.500 € ETF: + 1.500 € Tagesgeld
Portfolio neu:	6.500 € ETF: 6.500 € Tagesgeld
Portfolio gesamt neu:	13.000 €
Portfolio gesamt Plan:	10.000 €

Abbildung 4: Anwendung der 10%-Regel Teil 2

Handele streng nach dieser Regel. So handelst du gegen den Trend, also antizyklisch.

Lisas Entschlossenheit

Lisa zeigte während des Vermögensaufbaus eine enorme Entschlossenheit. Sie überwachte ihre Fortschritte sorgfältig und war bereit, ihr Portfolio bei Bedarf anzupassen. Doch dies war nicht nur eine Frage der finanziellen Kompetenz. Es erforderte auch emotionale Stärke, Disziplin und Durchhaltevermögen, um sich nicht von den kurzfristigen Schwankungen des Marktes beeinflussen zu lassen.

Lisa benötigte eine große Portion Willenskraft, um gelassen zu bleiben und in Zeiten gefallener Kurse weiterhin in ETFs zu investieren, um ihr Portfolio auszugleichen. Deshalb war sie froh, dass Anpassungen nur alle paar Jahre erforderlich waren. Indem sie aktiv die entsprechenden Maßnahmen ergriff, behielt sie die Kontrolle über ihre Geldanlage.

Lisas Reise war geprägt von ihrer konsequenten Vorgehensweise auf dem Weg zum Vermögen.

----

4. Vermögen und Steuern

Ein Thema, das einen großen Einfluss auf die Höhe deines zukünftigen Vermögens hat, bisher jedoch nur kurz angeschnitten wurde, ist die Besteuerung.

Als deutscher Privatanleger hast du Kapitalertragssteuern zu tragen. Diese setzen sich aus 25 % Steuer, 0,375 % Solidaritätszuschlag und ggf. Kirchensteuer zusammen. Steuerpflichtig sind 70 % der Gewinne von ETFs mit mindestens 51 % Aktienanteil. Die Bank führt die Steuern automatisch an das Finanzamt ab („Quellensteuer"). Bei Einrichtung eines Freistellungsauftrages ist der Gewinn bis zu 1.000 Euro für Ledige und 2.000 Euro für Verheiratete pro Jahr steuerfrei. Der Sparerpauschbetrag kann auch für Kinder in Anspruch genommen werden.[56]

Wissenswertes!

Der Gesetzgeber hat den Sparerpauschbetrag Anfang 2023 von 801 Euro für Ledige und 1.602 Euro für Verheiratete auf 1.000 Euro beziehungsweise 2.000 Euro erhöht und trägt damit dem Umstand Rechnung, dass die Geldanlage Kosten verursacht – auch für Bildung und Mentoring-Unterstützung.

---

[56] Groth, Julia, Hoyer, Niklas: „Früh übt sich", Ausgabedatum: 13.01.2023.

Weitere Steueroptimierungsmöglichkeiten sind die Günstigerprüfung über die jährliche Steuererklärung, falls dein individueller Steuersatz unter 25 % liegt, die Beantragung einer Nichtveranlagungs-Bescheinigung beim Finanzamt, falls dein Jahreseinkommen eine gewisse Schwelle unterschreitet. Außerdem lassen sich Gewinne und Verluste über verschiedene Banken verrechnen, indem man Verlustbescheinigungen bei den jeweiligen Depotanbietern bis zum 15.12. eines Jahres anfordert.

Während der Anlagedauer von thesaurierenden Fonds fällt eine Steuer auf die Vorabpauschale an. Die Bank bucht diese in der Regel am Beginn des neuen Jahres vom Verrechnungskonto ab. Steuern auf Vorabzahlungen können ebenfalls mit dem Steuerfreibetrag reduziert bzw. abgedeckt werden.

5. Ausnahmesituation Börsencrash

Bei jeder Transaktion können Orderkosten anfallen. Dies ist jedoch kein Grund, die 10%-Regel nicht konsequent anzuwenden. Gerade Crashs reduzieren den Wert deines Portfolios umso stärker, je höher die Aktienquote deines Portfolios gestiegen ist.

Crash heißt, dass die Aktienkurse um 30 % oder mehr einbrechen. Ein Crash bedeutet für dich, dass dein Depotwert ins Minus rutscht. Es gilt: Nerven behalten. Vermeide sprunghaftes Ein- und Aussteigen an den Börsen, denn das kann ein hohes Risiko für dein Kapital bedeuten. Gerade während Crashs ist es wichtig, nicht reflexartig zu handeln, sondern bewusst zu entscheiden. Sparplan-Sparer können einfach weiter machen. Bei gleichbleibender Sparplan-Rate profitieren sie von den gefallenen Kursen in Form einer größeren Anzahl von ETF-Anteilen.

Wissenswertes!

Jeder Börsencrash konnte mit einem weltweit gestreuten Portfolio wieder aufgeholt werden. Für Länder- und Regionen- Portfolios galt das allerdings nicht![57]

[57] Wallstabe-Watermann, Brigitte, u.a.: „Die Finanztest-Strategie: Bequem Geld in ETF anlegen mit unserem Pantoffel-Portfolio“, Berlin 2022, S. 135.

6. Langfristiger Vermögensaufbau: Wie deine ETF-Anlagen mit dir wachsen

Während des Vermögensaufbaus kann es zu persönlichen Veränderungen kommen, die sich auf deine finanzielle Situation auswirken können.

Familiengründung oder Scheidung, medizinische Notfälle oder Reparaturen können einen Einfluss haben. Dein Einkommen kann sich erhöhen oder auch sinken.

In solchen Situationen ist es wichtig, den Anlageplan zu überprüfen und gegebenenfalls anzupassen. Auf diese Weise stellst du sicher, dass du auf dem richtigen Weg bleibst, um deine finanziellen Ziele zu erreichen.

Wenn sich zum Beispiel dein Einkommen erhöht, kannst du mehr Geld in ETFs investieren und das Portfolio neu ausrichten, um mehr Gewicht auf Wachstum zu legen.

Auch wenn sich dein Einkommen verringert, kannst du dein Portfolio neu ausrichten, um den Sicherheitsanteil zu stärken.

Natürlich kannst du auch Anpassungen am Sparplan vornehmen. Setze die Sparplanrate für eine Weile aus oder lenke frisches Geld in den untergewichteten Teil. Du kannst Sparplanraten auf ETFs oder Tagesgeld oder beide stoppen.

Vermeide es jedoch, die Portfoliostruktur zu ändern. Auch nach dem Stopp der Raten hältst du dein Portfolio mit der 10%-Regel weiter in Balance.

Ändert sich deine Lebenssituation? Stehst du kurz vor dem Ruhestand? Falls du dich für eine Anpassung der Struktur deines Portfolios entschieden hast, verringere das Risiko sukzessive.

Hast du geplant, zu einem bestimmten Zeitpunkt aus dem Markt auszusteigen? Überprüfe die Kurse. Sind die Kurse eher niedrig, verschiebe den Ausstieg, wenn möglich, oder reduziere zumindest den Entnahme-Betrag.

Lisa macht weiter

Lisa verwaltete ihr Portfolio sorgfältig, lernte dazu und sammelte Erfahrungen. Jeder kleine Erfolg war für sie ein Ansporn, auch wenn sie wusste, dass Geduld, Ausdauer und konsequentes Handeln die Schlüssel zum Erreichen ihres Vermögensziels waren.

Mit der Zeit baute Lisa nicht nur Vertrauen in ihre finanziellen Entscheidungen auf, sondern begann auch, andere Menschen in ihrem Umfeld zu ermutigen, sich mit ihrer eigenen finanziellen Zukunft auseinanderzusetzen. Sie half ihnen, sich über Geldanlage und Vermögensaufbau zu informieren. Ihre Erfahrungen und ihr Wissen teilte sie großzügig.

Obwohl Lisas Reise zu ihrem Vermögensziel noch einige Jahre dauern würde, waren die Fortschritte offensichtlich. Lisa hatte gelernt, die Kontrolle über ihre Finanzen zu übernehmen und ihr Geld für sich arbeiten zu lassen. Sie war stolz darauf, dass sie selbst die Initiative ergriffen hatte, ihre Träume zu verwirklichen.

Über die vergangenen vier Jahre hatte der Weltmarkt sich wie erwartet entwickelt. Mit ihrem ETF-Sparplan und klugen Entscheidungen beim Aufbau ihres Vermögens war Lisa auf einem guten Weg. Der Erfolg bestätigte Lisa in ihrem Vorgehen. Sie hatte erfahren, dass sie in der Lage war, Vermögen aufzubauen, ohne ständig den Markt und ihre Geldanlagen zu beobachten. Also setzte sie ihre Vorgehensweise fort und erfreute sich an ihren klugen Entscheidungen in Bezug auf ihre

Geldanlage und dem Wissen, dass sie für die restlichen Jahre des Vermögensaufbaus und auch für die Entnahme-Phase gut vorbereitet war.

Mit einem starken Fundament aus Wissen, Erfahrung und einem klaren finanziellen Ziel vor Augen setzte Lisa ihre Reise fort. Sie ist gut vorbereitet, um weiterhin ihren Weg zu Ihrem Vermögensziel zu gehen und anderen als Inspiration zu dienen. Alles Gute, Lisa, auf deinem Weg zur Verwirklichung deiner Träume!

----

7. Entspannt im Ruhestand: Smarte Ansätze zur Nutzung deines ETF-Vermögens

Eine entspannte Rentenzeit wünscht sich wohl jeder von uns. Der Schlüssel liegt in der intelligenten Nutzung deines ETF-Vermögens. Mit deinem Anlageplan hast du angefangen, systematisch Vermögen aufzubauen und geschickt zu verwalten. Dieses Vermögen kannst du im Ruhestand für größere Projekte nutzen oder von regelmäßigen und stabilen Einkünften profitieren.

Wir betrachten verschiedene Entnahmemöglichkeiten und du erfährst, wie du mit dem passenden Entnahmeplan deinen Ruhestand finanziell absichern kannst. So bist du bestens gerüstet für eine entspannte und finanziell unabhängige Zukunft.

Ein Überblick über Möglichkeiten

Es gibt zahlreiche Optionen, wie du dein ETF-Vermögen effektiv nutzen kannst.

- Sukzessive Umschichtung: Eine Möglichkeit ist die schrittweise Umschichtung deines ETF-Vermögens in Tagesgeld, um dein Risiko im Ruhestand zu reduzieren. Diese Strategie dient dazu, eine stabilere finanzielle Grundlage zu schaffen.
- Ausschüttende ETFs: Für diejenigen, die ihr Vermögen unberührt lassen möchten, bieten sich ausschüttende ETFs an. Die regelmäßigen

Dividendenausschüttungen können zusätzlich zu den Zinseinnahmen vom Tagesgeldkonto als Rente (Zinsen- und Dividendenrente[58]) genutzt werden.

- ETF-Einstieg im Ruhestand: Auch Personen, deren Ruhestand gerade begonnen hat und die über ein finanzielles Polster verfügen, können ihr Portfolio um ETFs erweitern, um langfristig zu profitieren. Für die Wahl der passenden ETFs lässt sich auch hier meine Anleitung zur Erstellung des eigenen Anlageplans nutzen.
- Einmalentnahme: Eine Einmalentnahme zu Beginn des Ruhestands kann sinnvoll sein, etwa für größere Reisen, Vermögensweitergabe, medizinische Ausgaben oder Hausrenovierungen. Dabei kann der Verkauf zu einem festen Zeitpunkt oder beim Erreichen eines bestimmten Portfoliowertes erfolgen.
- Regelmäßige Entnahme: Ein Entnahmeplan legt eine regelmäßige Auszahlung aus dem ETF-Portfolio fest, um den Lebensunterhalt im Ruhestand zu decken. Verschiedene Methoden helfen dabei, den jährlichen Entnahmebetrag zu bestimmen und ein nachhaltiges Einkommen zu sichern.

Solltest du dich für eine regelmäßige Entnahme entscheiden, ist die sorgfältige Bestimmung des

---

[58] Finanztest, „Zusatzrente mit ETF: Erspartes als Rente nutzen“, Ausgabedatum: 11/2023.

jährlichen Entnahmebetrages wichtig. Dafür stehen verschiedene Methoden zur Auswahl. Drei möchte ich dir abschließend noch vorstellen.

- Prozentualer Entnahmebetrag: Bei dieser Methode wird ein bestimmter Prozentsatz des Portfoliowertes jedes Jahr als Entnahmebetrag festgelegt. Üblich ist hierbei die 5%-Regel, die besagt, dass man jedes Jahr 5 % des Portfoliowertes entnehmen kann.[59] Diese Methode bietet die Vorteile, dass der Entnahmebetrag einfach und leicht zu berechnen ist und eine Anpassung an den Wert des Portfolios erfolgt. Der Nachteil besteht darin, dass sich der jährliche Betrag entsprechend der Entwicklung des Portfolios verändert.
- Absoluter Entnahmebetrag (Fixe Rente): Hierbei wird ein fester Geldbetrag als jährlicher Entnahmebetrag festgelegt, unabhängig davon, wie sich das Portfolio entwickelt. Der Vorteil dieser Methode besteht darin, dass das Einkommen vorhersehbar und stabil bleibt und man sich wenig kümmern muss. Der Nachteil besteht darin, dass der Entnahmebetrag nicht inflationsbereinigt ist und somit im Laufe der Zeit an Kaufkraft verliert.[60]

---

[59] Eckert, Daniel, Zschäpitz, Holger: „Finanzen im Alter: Die Freiheitsformel“, Ausgabedatum: 06/2020.

[60] Aulitzky, Roland u.a.: „Spezial: Anlegen mit ETF“, Ausgabedatum: 11/2023, S. 20.

- Zu berechnender Entnahmebetrag: Bei dieser Methode berechnest du den Entnahmebetrag jedes Jahr neu, indem du dein Vermögen durch die Anzahl der verbleibenden Jahre teilst. Damit wird die Höhe der Zusatzrente vom Verlauf des Aktienmarktes und deiner persönlichen Situation abhängig gemacht. Der Nachteil besteht darin, dass der Entnahmebetrag schwankt. Außerdem ist eine jährliche Neuberechnung notwendig.[61]

Die Wahl der geeigneten Methode hängt von deinen individuellen Präferenzen und Zielen ab. Es ist wichtig, die Vor- und Nachteile jeder Methode sorgfältig abzuwägen.

Diese verschiedenen Ansätze bieten eine breite Palette an Möglichkeiten, wie du dein ETF-Vermögen im Ruhestand nutzen kannst. Es lohnt sich, diese Optionen genauer zu betrachten, um eine maßgeschneiderte und nachhaltige finanzielle Strategie für deine Bedürfnisse im Ruhestand zu entwickeln.

---

[61] Aulitzky, Roland u.a.: „Spezial: Anlegen mit ETF", Ausgabedatum: 11/2023, S. 21.

Ratgeber für die geschickte Nutzung deines ETF-Vermögens

Um sicherzustellen, dass du die wichtigsten Konzepte zur Nutzung deines ETF-Vermögens für eine entspannte Rentenzeit gut verinnerlicht hast, hier eine kurze Zusammenfassung der Schlüsselpunkte: Finde einen guten Startpunkt, um von deinem ETF-Vermögen zu profitieren. Entscheide dich entweder für eine Einmalentnahme oder die regelmäßige Entnahme oder für eine Kombination von beidem. Solltest du dich für eine jährliche Nutzung entschieden haben, bestimme die optimale Entnahmemethode entsprechend deiner Ziele. Wenn du diese Punkte berücksichtigst, hast du eine echte Alternative zu privaten Rentenversicherungen, die flexibel ist und dir sehr wahrscheinlich bessere Renditen erbringt, auch wenn es keine Garantien für eine lebenslange Rente und eine bestimmte Mindesthöhe der Rentenzahlungen gibt.[62]

---

[62] Finanztest, „Zusatzrente mit ETF: Erspartes als Rente nutzen", Ausgabedatum: 11/2023.

Schlusswort

Herzlichen Glückwunsch!

Du hast die grundlegenden Schritte gemeistert und deinen eigenen Anlageplan in zehn Schritten entwickelt. Deine Geldanlage ist nun auf dein Vermögensziel ausgerichtet, mit einem klaren Fokus auf mindestens zehn Jahre Vermögensaufbau und weiteren zwanzig Jahren, in denen du von deinem ETF-Vermögen im Ruhestand profitieren kannst.

Die passive Anlagestrategie bildet den Rahmen, wobei Tagesgeld und ETFs die Herzstücke deines Plans sind. Du hast die bewährten Regeln der Geldanlage verinnerlicht. Sowohl während der Aufbau- als auch in der Phase der Verwendung handelst du bedacht, nutzt eine antizyklische Taktik und hältst dein Portfolio in Balance, um die Chancen des Marktes optimal zu nutzen.

Zum Abschluss möchte ich dir sieben wertvolle Tipps mitgeben:

1. Behalte immer dein Vermögensziel im Blick.
2. Lass dich nicht von kurzfristigen Trends zu unnötigen Käufen und Verkäufen verleiten.
3. Achte auf die Kursentwicklung deiner ETFs.
4. Halte dein Portfolio stets in Balance.
5. Bleibe auch in turbulenten Zeiten diszipliniert.
6. Nutze in Krisenzeiten die tagesaktuellen Informationen der Stiftung Warentest auf „test.de“.
7. Triff auch in Zukunft deine Geldanlage-Entscheidungen bewusst.

Es liegt an dir, deinen eigenen Weg zu deinem Vermögensziel zu gestalten. Den ersten, entscheidenden Schritt hast du gemacht, jetzt ist es an der Zeit, kontinuierlich an deinem Erfolg zu arbeiten. Mit deinem Anlageplan bist du auf den Weg zu einer finanziell abgesicherten Zukunft. „I feel good, denn ich investiere in mich selbst“, ist dein Leitmotiv. Ich wünsche dir viel Erfolg bei deinen zukünftigen Geldanlage-Entscheidungen.

Mehr von Christine

Wenn dir mein Buch „I feel good, weil ich in mich selbst investiere: Eine praktische Anleitung zur Erstellung deines eigenen Anlageplans" gefallen hat und du mit Hilfe von Übungen tiefer in die Welt der Geldanlage eintauchen möchtest, lade ich dich herzlich ein, mein erstes Buch zu entdecken, das ich speziell für Menschen ü40 geschrieben habe:

Geldanlage 40+: Wie Sie sicher und intelligent investieren

In diesem Buch konzentriere ich mich auf die spezifischen Bedürfnisse von unabhängigen Frauen und Männern ab 40, die eigenständig Geld anlegen möchten und an finanzieller Bildung interessiert sind.

Ich erkläre anhand von Beispielen und Übungen, wie Menschen ü40 innere Blockaden beseitigen und negative Gefühle in Bezug auf Geldfragen überwinden, wie sie ihren Weg zu ihrem finanziellen Ziel finden und wie sie gute Geldanlage-Entscheidungen treffen und diese in die Tat umsetzen.

Mit praktischen Anleitungen und motivierenden Ansätzen ist „Geldanlage 40+" eine wertvolle Ergänzung zu meinem aktuellen Werk.

Begleitet von Christine

Wenn du nach dem Lesen meines Buches „I feel good, weil ich in mich selbst investiere: Eine praktische Anleitung zur Erstellung deines eigenen Anlageplans" persönliche Unterstützung und maßgeschneiderte Hilfe bei deinen finanziellen Herausforderungen suchst, lade ich dich herzlich ein, mein individuelles Mentoring zu entdecken:

1:1 Mentoring: Persönliche Begleitung auf deinem Weg zum selbstbestimmten Investor

Als Mentorin für Geldanlage biete ich persönliches Mentoring an, um dir dabei zu helfen, deine finanziellen Ziele zu definieren, einen maßgeschneiderten Anlageplan zu entwickeln und dich bei persönlichen finanziellen Herausforderungen zu unterstützen, für die das Buch möglicherweise nicht ausreicht. Willst du dir schon lange einen Überblick über dein Vermögen und deine Einnahmen und Ausgaben verschaffen? Möchtest du Unterstützung bei der ETF-Auswahl oder auch Begleitung bei deinem ersten ETF-Kauf? Würdest du dich sicherer fühlen, wenn du deine Überlegungen mit einer erfahrenen und vertrauenswürdigen Person vorab besprechen könntest?

Erfahre mehr über mein 1:1 Mentoring und wie es dir helfen kann, deine finanzielle Zukunft aktiv zu gestalten.

www.christineschremb.com/mentoring

Ein herzliches Dankeschön von Christine

Liebe Leserin, lieber Leser,

ich möchte mich bei dir bedanken, dass du die Zeit gefunden hast, mein Buch zu lesen.

Ein großes Dankeschön geht an meinen geliebten Jörg - auch für seine guten Nerven.

Ein besonderer Dank gebührt Georg Buschmann, der das Manuskript gelesen und mir wertvolles Feedback und Hinweise zur Umsetzung gegeben hat.

Herzlichen Dank an Professor Dr. Sebastian Pioch für den Plausibilitätscheck!

Meine Lektorin Nicole Reese verdient besondere Anerkennung für ihre Arbeit, um sicherzustellen, dass dieses Buch die bestmögliche Qualität erreicht hat.

Herzlichen Dank, Andrea Sach für das schnelle und unkomplizierte Korrektorat.

Vielen Dank, Cinque" und „99 Designs" für das großartige Cover!

Ein großer Dank geht an Dr. Nadia Simon, die mich bei der Bucherstellung auf besonders kreative Weise begleitet hat.

Liebe Leserin, lieber Leser, ich hoffe, dass dieses Buch dir einen Anlageplan gebracht hat, mit dem du deine finanziellen Ziele erreichst.

Mit herzlichem Dank und den besten Wünschen

Christine

Über die Autorin

Christine Schremb, Diplom-Kauffrau, ist Mentorin für Geldanlage. Sie verfügt über umfassende Erfahrung und unterscheidet sich durch ihre kundenorientierte und praxisnahe Herangehensweise.

Mit einem Hintergrund im Bereich Controlling und Finanzen sowie einem Abschluss in Betriebswirtschaftslehre von der renommierten Universität Mannheim, bringt Christine mehr als ein Jahrzehnt Erfahrung aus ihrer Zeit bei Accenture, einem der weltweit größten IT-Dienstleister, mit. In ihrer Rolle als Geschäftsführerin des internationalen Bildungsanbieters New Horizons Computer Learning Centers hat sie nicht nur ihre Leidenschaft für Finanzen, sondern auch für die Erwachsenen- und Weiterbildung verfolgt.

Christine Schremb schreibt aus der Sicht einer unabhängigen Frau, die nach einem sicheren und pragmatischen Weg gesucht hat, um Geld selbstständig zielgerichtet anzulegen. Sie hat ihn gefunden! Diese einzigartige Perspektive macht sie zu einer vertrauenswürdigen und authentischen Stimme in der Welt der Geldanlage.

Christine lebt mit ihrem Mann und ihrem Dackel in der wunderschönen Stadt Hamburg.

www.christineschremb.com

Anhang

Praktische Hinweise

Bei der selbstständigen Geldanlage ist es wichtig, Entscheidungen auf Informationen aus zuverlässigen Quellen zu stützen, deshalb empfehle ich die Bücher, Zeitschriften und aktuellen Testberichte der Stiftung Warentest.
Aktuelle Informationen aus erster Hand bieten die sogenannten „Factsheets“ der Index-Herausgeber, die kostenfrei über deren Webseiten, wie beispielsweise www.msci.com oder www.ftserussel.com eingesehen werden können. Sie enthalten relevante Informationen zu jedem Index, wie zum Beispiel zur Zusammensetzung und Renditeentwicklung.
Um bei der Geldanlage am Ball und über aktuelle gesellschaftliche und wirtschaftliche Entwicklungen, die Einfluss auf den Erfolg der Geldanlage haben könnten, informiert zu bleiben, nutze ich den wöchentlichen BörsenWoche-Newsletter der WirtschaftsWoche.

Haftung für externe Links

Das Buch enthält Links zu externen Webseiten Dritter, auf deren Inhalt die Autorin keinen Einfluss hat. Deshalb kann für die Inhalte externer Links keine Gewähr übernommen werden. Für die Inhalte der verlinkten Webseiten ist der jeweilige Anbieter oder Betreiber der Webseite verantwortlich. Die verlinkten Seiten wurden zum Zeitpunkt der Verlinkung auf mögliche Rechtsverstöße überprüft. Rechtswidrige Inhalte waren zum Zeitpunkt der Verlinkung nicht erkennbar. Eine permanente inhaltliche Kontrolle der verlinkten Webseiten ist jedoch ohne konkrete Anhaltspunkte einer Rechtsverletzung nicht zumutbar. Bei Bekanntwerden von Rechtsverletzungen werden derartige Links umgehend entfernt.

Literaturverzeichnis

Aulitzky Roland u.a. Spezial: Anlegen mit ETF [Buch] / Hrsg. Warentest Stiftung. - Berlin : Stiftung Warentest / Finanztest, 2022. - Bd. 11/2022.

Aulitzky Roland u.a. Spezial: Anlegen mit ETF [Buch]. - Berlin : Stiftung Warentest / Finanztest, 2023. - Bd. 11/2023.

Bohn Kai-Uwe Frühzeitig um zusätzliche Altersvorsorge kümmern [Online] // www.up2date.uni-bremen.de. - Mai 2020. - 04. 01 2024. - https://up2date.uni-bremen.de/artikel/fruehzeitig-um-zusaetzliche-altersvorsorge-kuemmern.

Buschmann Georg Haben Selbstständige das Nachsehen [Online] // detektor.fm. - 25. April 2019. - 01. September 2023. - https://detektor.fm/wirtschaft/was-wichtig-wird-altersvorsorge.

Dalio Ray Productivity and structural reform. Why contries succeed and fails, and what should be done so fainling countries succeed [Online] // economicprinziples.org. - 2017. - 14. Oktober 2020. - https://economicprinciples.org/downloads/ray_dalio__how_the_economic_machine_works__leveragings_and_deleveragings.pdf.

Deutsche Börse Erträge aus Anleihen und ihre Bewertung [Online] // www.boerse-frankfurt.de. - 06 2019. - 04. 01 2024. - https://www.boerse-frankfurt.de/wissen/wertpapiere/anleihen/ertraege-aus-anleihen.

Eckert Daniel, Zschäpitz, Holger Finanzen im Alter: Die Freiheitsformel [Artikel] // Welt am Sonntag. - Berlin : Axel Springer SE, 2020. - 24/2020.

Emonts Benjamin Studie: Viele junge Menschen haben Angst vor dem Nichts [Online] // Süddeutsche Zeitung. - 9. April 2021. - 10. Juli 2023. - www.sueddeutsche.de/wirtschaft/rente-altersarmut-umfrage-millennials-1.5258888.

Europäische Zentralbank EZB-Rat verabschiedet neue geldpolitische Strategie [Online] // www.ecb.europa.eu. - Europäische Zentralbank, 8. Juli 2021. - 4. September 2023. - https://www.ecb.europa.eu/press/pr/date/2021/html/ecb.pr210708~dc78cc4b0d.de.html.

Finanzen.net MSCI World 5-Jahres-Chart [Online] // finanzen.net. - 04. 01 2024. - www.finanzen.net/index/msci-world.

Finanztest test.de [Online] // Tagesgeldvergleich: So finden Sie jetzt die besten Zinsen. - Stiftung Warentest, 05. Oktober 2023. - 15. Oktober 2023. - https://www.test.de/Tagesgeldvergleich-Die-besten-Zinsen-4196794-0/.

Finanztest Zusatzrente mit ETF: Erspartes als Rente nutzen [Journal]. - Berlin : Stiftung Warentest, 2023. - 11/2023.

Freiberger Harald In 12 Schritten zum ETF, Schritt 1: Der Hintergrund. Die Kraft der drei Buchstaben [Journal]. - München : Süddeutsche Zeitung, 2. August 2021.

FTSE All World Index Factsheet [Online] // https://research.ftserussell.com. - 30. Juni 2023. - 11. Juli 2023.

FTSE FTSE All-World-ex.-CW-Climate-Balanced-Factor-Index [Online] // www.research.ftserussell.com. - FTSE, 30. Juni 2023. - 11. Juli 2023.

FTSE FTSE Developed Index [Online] // research.ftserussell.com. - FTSE Russel, 30. Juni 2023. - 11. Juli 2023.
Gojdka Victor Das 100.000 Euro Buch: Der individuelle Weg zum Vermögen [Buch] / Hrsg. Warentest Stiftung. - Berlin : Stiftung Warentest, 2021.
Groß Sina Geldanlage für Faule [Buch] / Hrsg. Warentest Stiftung. - Berlin : Stiftung Warentest, 2021.
Groth Julia, Hoyer, Niklas Früh übt sich [Artikel] // Wirtschaftswoche. - 13. Januar 2023. - 3. Ausgabe.
Horvath Michael Produktivität [Online] // https://wirtschaftslexikon.gabler.de. - 19. Februar 2018. - 14. Oktober 2020. - https://wirtschaftslexikon.gabler.de/definition/produktivitaet-46151/version-269437.
Klotz Antonie u.a. Geldanlage für Mutige [Buch] / Hrsg. Warentest Stiftung. - Berlin : Stiftung Warentest, 2022.
Krempel Annika Vermögen aufbauen ab 30 [Buch]. - Berlin : Stiftung Warentest, 2022.
MSCI MSCI ACWI Factsheet [Online] // www.msci.com. - 30. Juni 2023. - 11. Juli 2023. - www.msci.com/documents/10199/a71b65b5-d0ea-4b5c-a709-24b1213bc3c5.
MSCI MSCI ACWI IMI Factsheet [Online] // www.msci.com. - 30. Juni 2023. - 11. Juli 2023. - : www.msci.com/documents/10199/4211cc4b-453d-4b0a-a6a7-51d36472a703,.
MSCI MSCI World ESG Leaders Index Factsheet [Online] // www.msci.com. - MSCI, 30. Juni 2023. - 11. Juli 2023. - www.msci.com/documents/10199/db88cb95-3bf3-424c-b776-bfdcca67d460,.

MSCI MSCI World Index Factsheet [Online] // msci.com. - MSCI, 30. 11 2023. - 04. 11 2024. - https://www.msci.com/documents/10199/178e6643-6ae6-47b9-82be-e1fc565ededb.

MSCI MSCI World SRI Factsheet [Online] // www.msci.com. - msci, 30. Juni 2023. - 11. Juli 2023. - www.msci.com/documents/10199/641712d5-6435-4b2d-9abb-84a53f6c00e4.

MSCI MSCI World SRI Low Carbon Select Factsheet [Online] // www.msci.com. - MSCI, 30. Juni 2023. - 11. Juli 2023.

MSCI MSCI World SRI Selected Reduced Fossil Fuels Index Factsheet [Online] // www.msci.com. - MSCI, 30. Juni 2023. - 11. Juli 2023. - URL: www.msci.com/documents/10199/75bae2dd-7f6a-8f05-99dd-d13d145e2e75.

Mulke Wolfgang Nachhaltig Geld anlegen: Ökologisch, sozial und ethisch investieren [Buch] / Hrsg. Warentest Stiftung. - Berlin : Stiftung Warentest, 2022.

Oechsner Thomas Ihr Vermögensturbo ab 50 [Buch]. - Berlin : Stiftung Warentest, 2022.

Pioch Sebastian Prof. Dr. Quick Guide: Wissensbasiert entscheiden: Wie Sie strukturierte Entscheidungen treffen können [Buch]. - Wiesbaden : SpringerGabler, 2021.

Schäfer Andreas Wachstum [Online] // wirtschaftslexikon.gabler.de. - 02. Februar 2018. - 14. Oktober 2020. - URL: https://wirtschaftslexikon.gabler.de/definition/wachstum-48617/version-271868, .

Schmitt Jan-Lukas Bitcoin ist ein unkalkulierbares Asset [Newsletter]. - [s.l.] : WirtschaftsWoche BörsenWoche ; Wirtschaftswoche Börsenwoche, 26. Juni 2023. - Bd. 26.06.2023.

Schmitt Jan-Lukas Vergesst Anleihen [Newsletter]. - [s.l.] : WirtschaftsWoche BörsenWoche ; Wirtschaftswoche Börsenwoche , 10. Juli 2023. - Bd. 10.7.2023.
Schmitt Jan-Lukas Wie Sie klug mit Saisonalität an der Börse umgehen [Journal]. - [s.l.] : WirtschaftsWoche BörsenWoche, 15. Mai 2023.
Schremb Christine Geldanlage 40+: Wie Sie sicher und intelligent investieren [Buch]. - Hamburg : Christine Schremb, 2021.
Sparplanrechner Sparplanrechner [Online] // www.zinsen-berechnen.de. - 2011. Juli 2023.
Statista Inflationsrate in Deutschland von Juni 2021 bis Juni 2023 [Online] // https://de.statista.com. - Statista, 2023. - 12. Juli 2023. - https://de.statista.com/statistik/daten/studie/1045/umfrage/inflationsrate-in-deutschland-veraenderung-des-verbraucherpreisindexes-zum-vorjahresmonat/,.
Statistisches Bundesamt Gender Pension Gap: Alterseinkünfte von Frauen 2021 fast ein Drittel niedriger als die von Männern [Online] // https://www.destatis.de. - 7. 3 2023. - 18. 1 2024. - tps://www.destatis.de/DE/Presse/Pressemitteilungen/2023/03/PD23_N015_12_63.html.
Statistisches Bundesamt Gesamtwirtschaftliches Gleichgewicht durch das "magische Viereck". [Online] // www.destatis.de. - Statistisches Bundesamt. - 4. September 2023. - https://www.destatis.de/DE/Themen/Wirtschaft/Volkswirtschaftliche-Gesamtrechnungen-Inlandsprodukt/magisches-viereck.html,.
Wallstabe-Watermann Brigitte u.a. Anlegen mit ETF: Geld bequem investieren mit ETF und Indexfonds [Buch] / Hrsg. Warentest Stiftung. - Berlin : Stiftung Warentest, 2020.

Wallstabe-Watermann Brigitte u.a. Die Finanztest Strategie: Bequem Geld in ETF anlegen mit unserem Pantoffel-Portfolio [Buch] / Hrsg. Warentest Stiftung. - Berlin : Stiftung Warentest, 2022.
Wienkamp Herbert Anreiz, Risiko, Ruin: Finanzpsychologie für jedermann [Buch]. - Berlin : Springer, 2019.

Abbildungsverzeichnis

www.ingramcontent.com/pod-product-compliance
Lightning Source LLC
La Vergne TN
LVHW101941220826
846093LV00006B/78

* 9 7 8 3 9 8 2 3 1 1 1 3 5 *